Do Contrato Social

O livro é a porta que se abre para a realização do homem.

Jair Lot Vieira

JEAN-JACQUES ROUSSEAU

Do Contrato Social

Princípios do Direito Político

Tradução
EDSON BINI
Estudou Filosofia na Faculdade de Filosofia,
Letras e Ciências Humanas da USP.
É tradutor há mais de 40 anos.

Prefácio
LAURENT DE SAES
Graduado em Direito pela USP
Mestre e Doutor em História Social pela USP

Copyright da tradução e desta edição © 2000 by Edipro Edições Profissionais Ltda.

Traduzido a partir da edição de 1985, da Editora Bordas, Paris.

Todos os direitos reservados. Nenhuma parte deste livro poderá ser reproduzida ou transmitida de qualquer forma ou por quaisquer meios, eletrônicos ou mecânicos, incluindo fotocópia, gravação ou qualquer sistema de armazenamento e recuperação de informações, sem permissão por escrito do editor.

Grafia conforme o novo Acordo Ortográfico da Língua Portuguesa.

1ª edição 2018

Editores: Jair Lot Vieira e Maíra Lot Vieira Micales
Coordenação editorial: Fernanda Godoy Tarcinalli
Tradução: Edson Bini
Revisão: Ângela Moraes
Diagramação e Arte: Ana Laura Padovan e Karine Moreto de Almeida
Imagem da capa: Christos Georghiou/123RF

Dados Internacionais de Catalogação na Publicação (CIP)
(Câmara Brasileira do Livro, SP, Brasil)

Rousseau, Jean-Jacques, 1712-1778

Do contrato social: princípios do direito político / Jean-Jacques Rousseau; tradução de Edson Bini. – São Paulo : Edipro, 2018.

Título original: Du contrat social.

Bibliografia.

ISBN 978-85-521-0030-0

1. Contrato social 2. Direito e política 3. Filosofia francesa 4. Rousseau, Jean-Jacques, 1712-1778 I. Título. II. Série.

99-5390 CDU-320.11

Índice para catálogo sistemático:
1. Contrato social : Ciência política : 320.11

São Paulo: (11) 3107-4788 • Bauru: (14) 3234-4121
www.edipro.com.br • edipro@edipro.com.br
@editoraedipro   @editoraedipro

SUMÁRIO

Prefácio *11*

Breve história *Do Contrato Social* *25*

Advertência *27*

LIVRO I *29*

Preâmbulo *29*

Capítulo I
Assunto deste primeiro livro *29*

Refutação das falsas doutrinas da autoridade *30*

Capítulo II
Das primeiras sociedades *30*

Capítulo III
Do direito do mais forte *32*

Capítulo IV
Da escravidão *33*

Capítulo V
De como é sempre mister remontar a uma convenção anterior *36*

Do fundamento da autoridade *37*

Capítulo VI
Do pacto social *37*

Capítulo VII
Do Soberano *39*

Dos efeitos do pacto *41*

Capítulo VIII
Do estado civil *41*

Capítulo IX
Do domínio real *42*

LIVRO II *45*

Da soberania *45*

Capítulo I
A soberania é inalienável *45*

Capítulo II
A soberania é indivisível *46*

Capítulo III
Se a vontade geral pode errar *48*

Capítulo IV
Limites do poder soberano *49*

Capítulo V
Do direito de vida e de morte *52*

Da lei e do legislador *54*

Capítulo VI
Da lei *54*

Capítulo VII
Do legislador *56*

Dos diferentes povos *60*

Capítulo VIII
Do povo *60*

Capítulo IX
Continuação *62*

Capítulo X
Continuação *64*

Dos sistemas legislativos *66*

Capítulo XI
Dos diversos sistemas de legislação *66*

Capítulo XII
Divisão das leis 68

LIVRO III *71*

Da teoria do governo *71*

Capítulo I
Do governo em geral *71*

Capítulo II
Do princípio que constitui as diversas formas de governo *75*

Das diferentes formas de governo *78*

Capítulo III
Divisão dos governos *78*

Capítulo IV
Da democracia *79*

Capítulo V
Da aristocracia *81*

Capítulo VI
Da monarquia *83*

Capítulo VII
Dos governos mistos *88*

Do governo e do país *89*

Capítulo VIII
Que toda forma de governo não é apropriada a todo país *89*

Capítulo IX
Sinais de um bom governo *93*

O antagonismo entre o governo e o soberano *94*

Capítulo X
Do abuso do governo e de seu pendor à degeneração *94*

Capítulo XI
Da morte do corpo político *97*

Capítulo XII
Como se mantém a autoridade soberana   *98*

Capítulo XIII
Continuação   *99*

Capítulo XIV
Continuação   *100*

Capítulo XV
Dos deputados ou representantes   *101*

Da instituição do governo   *104*

Capítulo XVI
Que a instituição do governo não é,
de maneira alguma, um contrato   *104*

Capítulo XVII
Da instituição do governo   *105*

Capítulo XVIII
Meio de prevenir as usurpações do governo   *106*

LIVRO IV   *109*

Permanência da vontade geral   *109*

Capítulo I
Que a vontade geral é indestrutível   *109*

O funcionamento normal das instituições   *111*

Capítulo II
Dos sufrágios   *111*

Capítulo III
Das eleições   *113*

As magistraturas particulares   *115*

Capítulo IV
Dos comícios romanos   *115*

Capítulo V
Do tribunato   *124*

Capítulo VI
Da ditadura *126*

Capítulo VII
Da censura 1*28*

A religião e o Estado *130*

Capítulo VIII
Da religião civil *130*

Conclusão *139*

Capítulo IX
Conclusão *139*

Leituras adicionais *141*

PREFÁCIO

A leitura *Do Contrato Social* suscitou, ao longo da história, as interpretações mais díspares, frequentemente informadas por posicionamentos políticos e ideológicos, ou por elementos de caráter biográfico e histórico: ora lido como panfleto republicano e democrático, ora como manifesto liberal, ou ainda como defesa velada do despotismo, o tratado de Rousseau, condenado pela monarquia francesa quando de sua aparição em 1762, ocupou um lugar central no discurso político do século que culminaria na Revolução Francesa. Se a apropriação dos conceitos rousseauístas pela retórica revolucionária se justifica ou não, esse é o desafio que o leitor *Do Contrato Social* deve enfrentar, amparando-se, sempre que possível, no exame rigoroso das posições assumidas pelo filósofo genebrino em relação ao pensamento político dos séculos XVII e XVIII. Pois é a partir do diálogo com seus predecessores e suas ideias sobre os fundamentos do poder que Rousseau formula sua própria concepção do pacto fundador da sociedade civil.

Preparado durante mais de uma década, o tratado foi, na verdade, concebido como parte de um projeto mais extenso, e jamais completado, sobre as *Instituições Políticas*. *Do Contrato Social* se debruça sobre os princípios do direito político, privilegiando a abordagem mais filosófica em detrimento da análise das instituições concretas de seu tempo. Se a obra é inovadora, não é tanto pelo tema abordado, nem tampouco pelo método adotado, mas pelas conclusões formuladas pelo filósofo, que fazem dela um caso à parte no extenso debate sobre os fundamentos da sociedade civil. Em seu tratado, Rousseau passa pelos temas centrais do pensamento político dos séculos XVII e XVIII. Longe de se apresentar como um desbravador de terras desconhecidas, é a partir da discussão das contribuições de seus predecessores (Hobbes, Grócio, Pufendorf, Barbeyrac, Burlamaqui, Locke) que o autor constrói sua argumentação. É notadamente nas teorias do direito natural que Rousseau encontra um ponto de partida para desenvolver sua própria teoria contratual.

Como continuador dessa tradição, Rousseau se coloca imediatamente em oposição à velha doutrina da origem divina do poder civil.

"Não há poder que não venha de Deus", disse o apóstolo São Paulo (Rm 13:1). A partir dessa fórmula, pensadores como Suarez e Bossuet identificam na potência divina a fonte da autoridade soberana. Tal teoria não afirma, como por vezes se pensa, que os governantes sejam indicados por Deus, pois cabe aos homens designar os que os governam, segundo a forma de governo por eles definida. Significa apenas que a Soberania não tem origem no ato humano pelo qual se escolhe o governante; sua origem está em Deus, do qual provém a autoridade exercida pelos governantes escolhidos pelos homens. Como se vê, tal concepção se concilia com todas as formas de governo, e não apenas com a monarquia absoluta. A consequência prática da teoria do direito divino é a submissão completa e sem reservas dos súditos ao governo estabelecido. (DERATHÉ, 2009, p. 66-70)

Ora, os teóricos do direito natural, mesmo os adeptos da monarquia absoluta, rejeitam a ideia de que a Soberania possa ter outra origem que não a de um *contrato* entre Soberano e súditos. O que separa as teorias do direito divino e do direito natural não é, portanto, a opção por uma forma de governo ou outra, mas a questão da fonte da Soberania. Para um contratualista, o povo não é simplesmente o canal pelo qual a Soberania é transmitida ao governante; ele é a própria fonte da Soberania. E negar a origem divina da Soberania, e, com isso, separar a política da religião, era o mesmo que libertar o Estado da tutela da Igreja. (DERATHÉ, 2009, p. 71-7)

Para os teóricos do direito natural, os homens nascem livres e iguais, sem que nenhum tenha autoridade natural sobre seu semelhante; consequentemente, o fundamento da autoridade não está na natureza, como alegavam os defensores da tese de que a autoridade soberana decorria da autoridade paterna, mas nas convenções humanas. Para demonstrá-lo, esses teóricos conceberam a hipótese de um estado de natureza, anterior a qualquer sociedade, e no qual os homens, vivendo independentes e iguais, não se encontram sujeitos a qualquer autoridade, obedecendo apenas à lei natural. A passagem desse estado à sociedade civil, isto é, à submissão a uma autoridade comum se explica pelo conceito de contrato social, um pacto vinculando os que obedecem aos que comandam (um único homem, uma assembleia). É nesse compromisso assumido pelos que se obrigam a obedecer que a sociedade civil encontra sua legitimidade e sua força: cada particular abre mão de parte de sua liberdade natural em favor do Soberano. Para a maioria dos teóricos do contrato (e nesse ponto Rousseau se distingue dos demais), celebra-se um pacto que confere aos governantes o poder soberano. Ocorreria, portanto, uma alienação da Soberania, transferida de cada particular (nos quais ela existe em potência) a uma autoridade política. Por esse ato, os particulares se tornam súditos, isto é, submetem-se à vontade do Soberano, pessoa moral encarnada em um príncipe ou uma assembleia. Para alguns, como Grócio, Hobbes e Pufendorf, ao Soberano é conferido um poder absoluto, pois sua vontade é a de todos os que compõem o Estado. Assim, tal teoria, que podia fundamentar todas as formas de governo, servia, na mente de alguns de seus formuladores, para consolidar a monarquia absoluta, emancipando-a da tutela da Igreja. O contratualismo estava, na sua origem, dirigido contra o poder temporal da Igreja. Os discípulos de Grócio e Pufendorf, porém, não partilhavam de suas tendências absolutistas, preferindo um modelo de monarquia limitada ou da aristocracia mesclada a instituições democráticas. É o que encontramos em Burlamaqui e Barbeyrac, partidários de um governo "temperado", igualmente distante da monarquia absoluta e de um governo popular. (DERATHÉ, 2009, p. 77-85)

Ao formular sua própria versão do contrato social, Rousseau se vê, portanto, diante de uma teoria já abundantemente desenvolvida. O princípio da fonte popular da Soberania não constitui, destarte, uma novidade de sua obra. Sua particularidade reside antes nas soluções por ele dadas a outras questões relacionadas ao pacto social e que conferem à sua teoria um caráter, por assim dizer, atípico.

As divergências de Rousseau com os demais teóricos do contrato têm por ponto de partida sua visão do estado de natureza e da lei natural. Contraposta à concepção católica de uma subordinação natural entre os homens, a formulação tradicional do estado de natureza se fazia em oposição ao estado de sociedade: o estado natural seria uma condição, não de isolamento, mas de liberdade e igualdade naturais, não se encontrando os homens sob o império um do outro, nem de um senhor comum. E é precisamente dessa tese que pensadores como Locke e Pufendorf deduzem a teoria contratual: afinal, se ninguém se encontra naturalmente submetido à autoridade de outrem, segue-se que o direito de comandar deve nascer de uma convenção humana, por meio da qual os homens se privam do direito de governar a si mesmos, em favor de um homem ou de uma assembleia. É somente o consentimento desses homens livres que torna a autoridade legítima. Mas se os filósofos tendem a concordar quanto à hipótese do estado de natureza, eles divergem quanto à condição do homem nesse mesmo estado. Hobbes (2015, p. 141-4) apresenta o estado natural como um estado de guerra geral de todos contra todos, condição que conduz os homens a alienarem sua liberdade sem reservas para alcançar a paz social. Já Locke (2016, cap. 1-2) vê no estado natural um estado de paz e assistência mútua, o que lhe permite concluir que a lei civil deve ter por único objetivo proteger os direitos individuais reconhecidos pela lei natural. O objetivo do contrato social para Locke é, portanto, dar uma sanção à lei natural. Rousseau, ao contrário, entende que o homem natural carece de noção do justo e do injusto, de sorte que suas ações não poderiam ser inspiradas pela lei natural; elas são antes movidas por seus instintos, pois a primeira lei do ser humano é a de "cuidar de sua própria conservação" (2016, p. 14). Isso não significa, para o filósofo, a inexistência de uma lei natural, mas apenas que, para que o homem alcance a compreensão dos deveres da natureza, ele deve desenvolver sua razão, a qual existe apenas em potência no estado natural; e, para isso, ele deve se tornar sociável, o que só ocorre sob a influência de circunstâncias exteriores (DERATHÉ, 2009, p. 241-8 e 253-4).

O que distingue Rousseau dos demais é, assim, sua rejeição da tese da sociabilidade natural do homem: ou melhor, para o genebrino, a sociabilidade existe no ser humano, mas como um sentimento inato que não se realiza senão em certas condições. Assim como a razão, a sociabilidade somente se manifesta no meio social, o qual engendra mudanças profundas na natureza humana. No estado de natureza, o homem vive em isolamento, sem convívio com seus semelhantes, não sendo possível projetar nele sentimentos e conhecimentos que apenas a vida civil lhe proporciona. Não é, assim, a sociabilidade que faz com que o homem deixe o seu isolamento; ocorre, antes, o inverso: ela nasce do interesse pessoal em atender necessidades nascidas da vida social. A sociabilidade é efeito, e não causa. Não há, pois, assistência mútua no estado de natureza, e tampouco há guerra de todos contra todos: os homens vivem em paz porque não há competição entre seres que, dotados de um direito ilimitado sobre tudo o que podem alcançar, buscam apenas satisfazer suas necessidades físicas. (DERATHÉ, 2009, p. 202-4)

A guerra de todos contra todos de que fala Hobbes não é, para Rousseau, senão efeito dos vícios que nascem do convívio dos homens.

Se Rousseau rejeita a ideia da guerra geral como natural à espécie, é porque diverge de Hobbes quanto à psicologia do homem natural, um ser com poucas necessidades e, portanto, poucas paixões, o que o mantém afastado de conflitos com seus semelhantes. Não obstante, aproximando-se os homens, surgem a concorrência e as inimizades. No *Discurso sobre as origens e os fundamentos da desigualdade entre os homens*, Rousseau não rejeita a tese da guerra de todos contra todos, mas, em vez de situá-la no estado de natureza, ele a desloca para um estágio intermediário, entre o que denomina "sociedade nascente" e a sociedade civil propriamente dita: é quando os progressos da desigualdade e a emergência das paixões suscitam o "mais horrível estado de guerra" (ROUSSEAU, 2015, p. 110) que se tornam necessários os estabelecimentos políticos. Assim reaparece, transposta do estado de natureza para um estágio posterior da evolução humana, a ideia da guerra geral como origem do contrato social (DERATHÉ, 2009, p. 169-172 e 212-4).

Assim como os demais contratualistas, Rousseau entende a formação das sociedades civis como uma necessidade dos homens, incapazes, a partir de determinado momento de sua existência, de alcançar a paz sem um juiz comum para lhes arbitrar os conflitos. No *Discurso*, Rousseau retomava as formulações de Locke quanto ao fundamento psicológico da constituição do poder civil: se os homens renunciaram à sua independência natural para formar as sociedades civis, foi no único intuito de assegurar a preservação de suas vidas, de suas liberdades e de tudo o que possuem (ROUSSEAU, 2015, p. 111-2). Mas essa adesão aparente às teses lockianas não é levada às últimas consequências. Para o inglês, os homens celebram o pacto social para garantir o gozo de seus direitos individuais, anteriores à sociedade civil; o fim do contrato é, assim, proporcionar segurança aos cidadãos, preservando ao máximo a liberdade do indivíduo. Isso significava reduzir ao mínimo as funções e o poder do Estado. Ora, essa implicação está ausente na formulação de Rousseau, para quem não há conflito entre indivíduo e Estado: ao contrário, é precisamente no quadro do Estado que o homem pode preservar sua liberdade, evitando se encontrar sob a dependência de outro homem; a submissão de todos à autoridade soberana é o que protege a liberdade contra a dominação dos mais fortes ou dos mais ricos (DERATHÉ, 2009, p. 182-6 e 262-3). Mas o que permite a Rousseau afirmar o poder absoluto do Estado, e se fazer, ao mesmo tempo, defensor da liberdade do homem? A resposta se encontra na teoria da Soberania formulada por Rousseau. Ao contrário dos demais contratualistas, que afirmam que, pelo pacto social, o povo transmite a autoridade soberana a um governante (indivíduo ou assembleia), o qual se torna, dessa maneira, Soberano, Rousseau entende que o povo jamais abandona a Soberania. Não há, para ele, distinção verdadeira entre a Soberania e seu exercício: ambos residem no povo. A transmissão da Soberania não é, para Rousseau, senão uma forma de servidão, e é nisso que reside sua crítica aos jurisconsultos. A Soberania não pode se confundir com a propriedade, direito de convenção e de instituição humana que dá ao seu titular a possibilidade de dispor do que possui segundo sua vontade. A Soberania, como todos os dons essenciais da natureza, é incomunicável. Assim como nenhum homem tem o direito de alienar sua liberdade para se fazer escravo de um senhor – pois isso seria renunciar à qualidade de ser humano – tampouco pode o povo ceder sua soberania, submetendo-se à dominação de um déspota, pois isso seria renunciar à qualidade de povo. A liberdade no seio do Estado exige a conservação pelo povo do poder soberano. (DERATHÉ, 2009, p. 87-9, 148-56 e 383-8)

Como se vê, se os teóricos do direito natural concordam quanto à ideia de um pacto fundador da sociedade civil, eles divergem quanto à forma e ao teor do contrato. Hobbes encara o pacto social como um pacto de associação: em sua visão, todos os cidadãos concluem sucessivos pactos uns com os outros, aceitando se submeter à autoridade de um só homem, ou de uma assembleia, com a condição de que todos os demais também o façam. Dessas convenções mútuas entre os indivíduos, o Soberano recebe o poder, sem que ele mesmo se comprometa em relação aos súditos. Teríamos, assim, um contrato atípico, em que cada parte abre mão do direito de se governar a si mesma em favor de um terceiro beneficiário. É a natureza peculiar do pacto que permite a Hobbes afirmar o caráter absoluto do poder soberano: movidos pela necessidade de alcançar a paz social, os cidadãos devem obedecer à autoridade, sem que esta se tenha engajado em relação àqueles. (HOBBES, 2015, p. 159-68)

Outros teóricos do direito natural descrevem um pacto pelo qual os homens contratam, por vontade própria ou coação, uma autoridade comum. Grócio, por exemplo, legitima tal convenção a partir de uma analogia com o direito de escravidão: o poder do Soberano sobre os súditos se equipararia ao poder do senhor sobre seus escravos. Isso não significa, para Grócio, negar que a fonte da Soberania reside no povo, mas somente reconhecer que o povo pode perder seus direitos, voluntariamente ou por conquista, por um *pacto de submissão*, análogo ao de escravidão, e pelo qual o povo se priva da Soberania. (GROTIUS, 1724, p. 121-5)

Ora, Rousseau se distingue da tradição do direito natural precisamente por sua concepção do pacto social, o qual não pode, em sua opinião, constituir um pacto de submissão. Para o filósofo, um contrato benéfico a apenas uma das partes não é um verdadeiro contrato, não podendo servir de fundamento a uma autoridade legítima. No capítulo sobra a escravidão (Liv. I, cap. IV), Rousseau não apenas rejeita a escravidão resultante do direito de guerra, como também não admite a hipótese da escravidão voluntária; a escravidão, diz ele, é sempre uma privação involuntária da liberdade. Assim como é ilegítimo privar os outros de sua liberdade (pois "a força não produz o direito"), também é ilegítimo se privar de sua própria liberdade, pois isso seria incompatível com a lei natural que confia a cada um o cuidado de sua própria conservação. O contrato social, assim como qualquer contrato, teria de comportar uma promessa recíproca (DERATHÉ, 2009, p. 290-300). Rousseau acusa os defensores da tese do pacto de submissão – em particular, Grócio – de quererem extrair o direito do fato e de não pouparem esforços "para despojar os povos de todos os seus direitos e para com estes revestir os reis com toda arte possível" (2009, p. 31).

Assim como Hobbes, Rousseau acredita haver apenas pacto de associação entre os homens, mas, no seu caso, não são estes que se engajam uns em relação aos outros, por meio de pactos sucessivos; aqui, os particulares se comprometem em relação ao corpo do qual se tornarão membros. Ou seja, cada indivíduo contrata, por assim dizer, consigo mesmo, encontrando-se comprometido sob uma dupla relação: como membro do Soberano em relação aos particulares, e como membro do Estado em relação ao Soberano. A grande novidade da formulação de Rousseau é, assim, a ficção por meio da qual o corpo do povo que se constitui pelo pacto é uma das partes do mesmo contrato: em outras palavras, produz-se um engajamento mútuo entre a pessoa moral constituída pelo corpo do povo e todos os particulares individualmente considerados. De um lado, temos o Soberano; de outro, os súditos. A segunda peculiaridade é que o Soberano não é somente parte do contrato, mas juiz único de sua execução. Para Rousseau, isso não perturba o equilíbrio do pacto, na medida em que, em última instância, é o povo que contrata consigo mesmo: o povo em corpo, na condição de Soberano, com os particulares, na condição de súditos. Havendo, assim, uma convenção entre a coletividade e seus membros, apenas estes poderiam infringir os termos do contrato; afinal, uma coletividade não poderia violar os termos do pacto sem prejudicar seus membros, o que significaria prejudicar a si mesma. (DERATHÉ, 2009, p. 328-34)

Os defensores da teoria do pacto de submissão tendiam a defender também a tese da divisibilidade da Soberania, isto é, de que o povo *poderia* reter parte da Soberania, partilhando o seu exercício com um governante, sob a forma de uma assembleia popular. A tese das "partes da Soberania", que encontramos em Barbeyrac e Burlamaqui, era a base da teoria da balança dos poderes, e apontava para a possibilidade de uma forma de governo mista (seja uma monarquia limitada, ou uma aristocracia moderada por instituições democráticas). Ora, para Rousseau, assim como para Hobbes, a Soberania não poderia ser partilhada sem se destruir. É um todo indivisível, e não uma reunião de poderes ou direitos distintos. Ela é, afinal, o exercício da *vontade geral*, a qual não poderia ser transferida ou partilhada sem deixar de ser geral e se tornar particular. Assim, o exercício da vontade geral se dá por um único poder, o legislativo. Pois a vontade geral não se expressa senão por meio da lei: esta, declaração da vontade geral sobre um objeto relacionado ao bem comum, não se confunde com atos de governo, os quais incidem sobre objetos particulares; a lei parte de todos e se dirige a todos. Os demais poderes, exercidos preferencialmente por comissários do povo, seriam apenas "emanações" do poder legislativo (DERATHÉ, 2009, p. 416-28). O poder soberano (legislativo) não se confunde, assim, com o governo (poder executivo, executor das leis). Este último – cujo corpo recebe o nome de Príncipe e cujo(s) membro(s) recebe(m) o nome de magistrado(s) ou rei(s) – não se constitui por meio de contrato com o povo: os governantes são meramente mandatários, que exercem o poder em nome do Soberano. Não pode, portanto, haver mais de um soberano, pois apenas uma vontade comanda a sociedade civil. Rousseau é absolutista nesse sentido; mas, sendo a Soberania do povo incomunicável, o caráter absoluto do poder soberano não implica, na sua visão, sacrificar a liberdade. (GOLDSCHMIDT, 1974, p. 683; DERATHÉ, 2009, p. 172-4)

Mas, para além da possibilidade de partilhar a Soberania, Burlamaqui e Barbeyrac sustentam que, mesmo permanecendo o poder indiviso, ele estaria sujeito a limites, pela própria natureza da Soberania. O contrato social seria, assim, um pacto mútuo entre monarca e súditos, pelo qual estes últimos se despojariam da Soberania, com a reserva – expressa ou tácita – de que a autoridade não fizesse do poder um uso abusivo ou prejudicial ao povo, caso em que o direito de resistir seria legítimo. Para esses autores, o povo abandonou o poder soberano, mas pode retomá-lo, quando a finalidade do contrato não é atendida. (DERATHÉ, 2009, p. 4-6 e 188-91)

Rousseau, ao contrário, entende que o Soberano, único juiz do contrato, tem o poder de constranger o cidadão a se submeter à vontade geral, o que lhe dá um poder absoluto sobre os membros da coletividade. A formação da sociedade civil exige "a alienação total de cada associado com todos os seus direitos a toda a comunidade" (2009, p. 22). Se essa definição do contrato sugere o sacrifício dos direitos individuais em favor da unidade política, tal sacrifício, diz-nos o filósofo, é apenas aparente: após o contrato, cada associado permanece "tão livre quanto antes", pois não há verdadeira alienação, mas uma "troca vantajosa". A "alienação total" é somente um artifício que permite converter os direitos naturais do indivíduo em direitos civis: "O que o homem perde pelo contrato social é sua liberdade natural e um direito ilimitado a tudo o que o tenta e que pode atingir; o que ganha é a liberdade civil e a propriedade de tudo o que possui" (2009, p. 26).

Isso alimentou a tese de Rousseau como pensador burguês, defensor da propriedade, sendo o seu contrato social um pacto de proprietários, concebido por eles e para eles.[1] Mas a defesa da propriedade em Rousseau é acompanhada de uma condenação da disparidade extrema

---

1. Ver, nesse sentido, o artigo de Louis Althusser, "Sur le Contrat Social. Les Décalages" (*Cahiers pour l'analyse*, n. 8, Paris, 1967, p. 5-42).

de riquezas: a propriedade deve se submeter aos limites ditados pelo direito à vida e pela liberdade de todos. Pois se colocar sob a dependência do Soberano, e, portanto, da lei, é a única maneira de evitar a verdadeira ameaça à liberdade, que é a dependência pessoal. (DERATHÉ, 2009, p. 255-7 e 335-42) Para alguns, como Michel Launay, a teoria contratual de Rousseau expressaria não a visão propriamente burguesa sobre o direito de acumular riquezas, mas um ideal condizente com o meio social em que o filósofo, filho de uma família de artesãos relojoeiros, nasceu. Reencontraríamos esse ideal de uma sociedade de pequenos e médios proprietários independentes no programa dos jacobinos do período revolucionário.

Seja como for, a vontade geral não é, para Rousseau, somente a do corpo do povo, mas também a de cada associado, como membro do Soberano; não é, assim, possível que o Soberano, formado pelos particulares que o compõem, tenha um interesse contrário ao deles. A concepção do autor aponta para a ideia de um interesse comum que se concilia com o real interesse de cada um – o qual cada um pode perceber quando não se encontra cegado pelas paixões. O indivíduo é, de pontos de vista diferentes, autor e destinatário das leis, pois a vontade soberana é, na verdade, a sua. Ele deve obedecer à lei, pois esse foi o compromisso firmado pelo contrato social; mas, ao obedecer à lei, ele obedece a si mesmo. É nesse sentido, segundo o qual o cidadão é "forçado a ser livre", que o absolutismo de Rousseau se conciliaria com a liberdade.

Rousseau não deixa de reconhecer que o povo nem sempre se pronuncia em favor do bem comum: há, nesse sentido, uma diferença entre a vontade de todos – isto é, a soma das vontades particulares, submetidas a influências diversas – e a vontade geral, unânime por sua natureza, na medida em que comum a todos. A unanimidade, necessária à celebração do contrato social, dificilmente se reproduz nas demais situações da vida civil. As decisões do poder soberano se tomam por pluralidade de votos, e a decisão da maioria, parecer sobre a conformidade da lei à vontade geral, obriga a todos.

As fórmulas desconcertantes empregadas por Rousseau suscitaram, ao longo da história, leituras distintas: enquanto alguns assinalaram, por trás do absolutismo do poder soberano, uma defesa velada do despotismo, outros identificaram, em sua concepção inovadora do contrato social, uma teoria decididamente democrática. As dúvidas são reforçadas pelo fato de que a defesa da Soberania do povo se vê frequentemente acompanhada de certa desconfiança quanto à capacidade de uma "multidão cega" de identificar o interesse comum. O povo, diz Rousseau, tem necessidade de um guia (o Legislador) que, redigindo as leis, lhe aponte o caminho da vontade geral. Trata-se de tarefa difícil, pois ideias complexas não se traduzem facilmente para a compreensão dos povos, nem sempre suficientemente maduros para receber a legislação. Redigir as leis, porém, não é exercer o poder legislativo, o qual cabe somente ao Soberano. E como deve este último se expressar? Para Rousseau, a Soberania é irrepresentável, precisamente porque é inalienável: os deputados do povo não podem ser seus representantes, mas apenas comissários, desprovidos de poder para decidir em caráter definitivo. Por isso, Rousseau rejeita o sistema parlamentar inglês: para ele, as leis deveriam ser diretamente ratificadas pelo povo. Seu ideal, portanto, não se identifica com a realidade do governo representativo do século XVIII, aproximando-se, ao contrário, das repúblicas da Antiguidade. O Soberano deve agir por meio do povo reunido, algo realizável no quadro de uma pequena cidade. Mas como fazê-lo em grandes Estados? Entre os gregos, os escravos, encarregados do trabalho, permitiam que os cidadãos se dedicassem à política. A liberdade de uns encontrava amparo na escravidão de outros. Por certo, Rousseau não admite a escravidão em nenhum caso, mas constata que também os povos modernos perdem sua liberdade ao recorrerem a representantes. Estariam os grandes Estados condenados ao despotismo?

Quando, após formular sua concepção do fundamento das sociedades civis, Rousseau aborda, a partir do Livro III, sua teoria do governo, o universalismo da primeira metade da obra dá lugar a um manifesto pluralismo, na medida em que não há, para ele, uma sociedade universal, uma forma de governo apropriada a todos os países, a todos os climas (GOLDSCHMIDT, 1974, p. 593). O filósofo restringe a democracia, na qual o governo é atribuído a todo ou quase todo o corpo do povo, aos Estados pequenos e pobres, assinalando ainda o inconveniente de desviar os cidadãos das questões mais gerais para os objetos particulares. Inversamente, a monarquia, governo em que o Príncipe é um homem só, é o governo adequado somente a Estados grandes e opulentos, onde a força do governo deve ser maior. Trata-se, não obstante, da forma de governo em que a vontade particular dispõe de maior império, acarretando riscos à liberdade. O autor manifesta sua preferência pela aristocracia eletiva, um governo de poucos que traz a vantagem da escolha pelo povo de seus magistrados, "senadores veneráveis" mais aptos a lidar com os negócios públicos do que uma "multidão desconhecida e desprezada". É condizente com a "ordem natural" que os mais sábios governem a multidão, desde que o façam em proveito desta. É essa forma de governo que mais convém às nações não muito grandes e nem muito pequenas, nem opulentas e nem miseráveis. Estaria Rousseau simplesmente formulando o modelo de uma República ideal, aplicável somente a Estados bem constituídos, onde cada cidadão, livre da influência das "sociedades parciais" e consciente do interesse comum que o vincula ao corpo do povo, expressaria livremente sua opinião sobre os assuntos relacionados ao bem geral? (LAUNAY, 1971, p. 430-1) Por todos os questionamentos que sua leitura suscita, *Do Contrato Social* continua a causar fascínio entre aqueles que se debruçam sobre o pensamento político da Modernidade, um pensamento continuamente alimentado pela tensão entre a concepção de modelos ideais e a formulação de propostas concretas.

LAURENT DE SAES
Graduado em Direito pela USP.
Mestre e Doutor em História Social pela USP.

REFERÊNCIAS

DERATHÉ, Robert. *Jean-Jacques Rousseau e a ciência política de seu tempo*. Trad. N. Maruyama. São Paulo: Barcarolla, Discurso Editorial, 2009.

GOLDSCHMIDT, Victor. *Anthropologie et Politique: les principes du système de Rousseau*. Paris: Librairie Philosophique J. Vrin, 1974.

GROTIUS, Hugo. *Le droit de la guerre et de la paix*. Trad. J. Barbeyrac. Amsterdã: Chez Pierre de Cour, 1724.

HOBBES, Thomas. *Leviatã: ou Matéria, Forma e Poder de um Estado Eclesiástico e Civil*. Trad. Daniel Moreira Miranda. São Paulo: Edipro, 2015.

LAUNAY, Michel. *Jean-Jacques Rousseau, écrivain politique* (1712-1762). Cannes/Grenoble: CEL; ACER, 1971.

LOCKE, John. *Second Treatise of Government*. [S.l.]: The Floating Press, 2016.

ROUSSEAU, Jean-Jacques. *Discurso sobre a origem e os fundamentos da desigualdade entre os homens*. Trad. Laurent de Saes. São Paulo: Edipro, 2015.

BREVE HISTÓRIA
DO CONTRATO SOCIAL

A obra *Do Contrato Social* conta com um subtítulo, *Princípios do Direito Político*, muito mais significativo e expressivo de seu conteúdo e objetivo do que o sonoro *Do Contrato Social*, nome pelo qual se consagrou e é amplamente conhecida há séculos. De todos os textos de Rousseau foi, provavelmente, o que menos suscitou interesse do público por ocasião de seu lançamento em 1762. O fato é que, apesar do furor provocado naqueles que repudiaram de pronto a doutrina nele contida, *Do Contrato*, durante toda a vida de seu autor, falecido em 1778, jamais foi um sucesso editorial. O efetivo interesse do público só começou a se pronunciar e se expandir a partir de 1780, mais precisamente em 1782, quando da publicação das obras completas de Rousseau por Du Peyrou. Não é preciso ser um perspicaz observador para concluir que a estreita conexão entre os escritos políticos de Rousseau (entre eles, *Do Contrato*) e a prática revolucionária política na França desencadeou, mais do que qualquer outro fator, a ascensão desta obra no momento em que espíritos revolucionários como Mirabeau e Marat encontraram, concorrentemente, respaldo teórico e eco libertário naquele texto.

A primeira edição deste texto, como já antecipamos, foi realizada em 1762 no mês de março em Amsterdã, na Holanda, pelo livreiro Marc Michel Rey. A publicação, como quase tudo o mais que se refere a *Do Contrato*, não aconteceu serenamente.

O editor, estando com as provas corrigidas, começou a imprimir o livro quando Rousseau, em 14 de março, comunicou-se com ele, insistindo para que eliminasse da obra a nota acerca do tema *casamentos*. Dizia o autor em tom inquietante: "Eu vos rogo, meu caro Rey, se ainda houver tempo, que eliminai, para vosso proveito quanto para o meu, a última nota sobre os casamentos... Desejaria, a todo custo, que essa nota fosse suprimida". Que se observe, a propósito, que, a partir da

26

edição de 1782, edição Du Peyrou, essa nota voltou a todas as edições subsequentes da obra.

Na verdade não havia mais tempo, mas o paciente editor não hesitou em descartar os exemplares impressos e providenciar nova tiragem sem a tal nota; no ensejo, o meticuloso Rey aproveitou, inclusive, para substituir a vinheta que não agradara a Rousseau.

A obra foi publicada em abril daquele ano.

No restante do século XVIII surgiram 46 edições da obra no original, cinco em alemão e sete em inglês.

Desde o fim do século XIX, o número de edições foi crescendo e, a partir do desfecho desse século, começaram a surgir importantes edições anotadas e comentadas. Limitamo-nos aqui a mencionar as principais francesas, à exceção da célebre edição inglesa de C. E. Vaughan:

1896 – *Dreyfuss-Brisac, Paris;*
1903 – *Beaulavon, Paris;*
1915 – *C. E. Vaughan,* em *The Political Writings of Rousseau, Oxford;*
1918 – *C. E. Vaughan, Manchester;*
1943 – *Halbwachs, Paris;*
1947 – *Bertrand de Jouvenel, Genebra;*
1962 – *C. E. Vaughan, Political Writings of Rousseau, Oxford;*
1963 – *Lecercle, Éd. Sociales, Paris;*
1963 – *Guillemin, Paris;*
1964 – *Robert Derathé,* em *Oeuvres Complètes, Collection de La Pléiade, Paris;*
1966 – *Pierre Burgelin, Garnier-Flammarion, Paris;*
1971 – *Roger-Gérard Schwartzenberg, Seghers, Paris;*
1972 – *Bordas, Paris.*

Não dispomos de registro confiável sobre a data da primeira edição em português, mas, certamente, a mais festejada no século XX é a de 1958, Edições e Publicações Brasil Editora, São Paulo, com tradução de Antônio de P. Machado.

Edson Bini

ADVERTÊNCIA

Este pequeno tratado foi extraído de uma obra mais vasta, principiada outrora sem que eu tivesse consultado minhas forças e, há muito, abandonada. Dos diversos trechos que se podia retirar do que foi feito, este é o mais importante e me pareceu o menos indigno de ser oferecido ao público. O restante não existe mais.

LIVRO I

Preâmbulo

Desejo investigar se na ordem civil pode existir alguma regra de administração legítima e segura tomando os seres humanos tais como eles são e as leis tais como possam ser. Tentarei, nessa investigação, aliar sempre aquilo que o direito permite com aquilo que o interesse prescreve, de sorte que a justiça e a utilidade não se achem jamais divididas. Introduzo-me na matéria sem provar a importância de meu assunto. Serei indagado se sou príncipe ou legislador para escrever sobre a política? Respondo que não e que é por isso que escrevo sobre a política. Se fosse príncipe ou legislador, não perderia meu tempo dizendo o que é mister fazer. Eu o faria ou me silenciaria.

Nascido cidadão de um Estado livre e membro do *Soberano*, qualquer débil influência que possa exercer minha voz nos negócios públicos, o direito de votar sobre eles basta para impor o dever de me instruir acerca disso. Todas as ocasiões que medito a respeito dos governos fico feliz por sempre encontrar em minhas investigações novos motivos para amar aquele do meu país!

Capítulo I
Assunto deste primeiro livro

O ser humano nasce livre e em toda parte está a ferros. Aquele que mais se crê senhor dos outros não deixa de ser mais escravo do que eles. Como terá ocorrido essa transformação? Ignoro-o. O que poderia legitimá-la? Acredito poder resolver essa questão.

Se me limitasse a considerar a força e o efeito que dela deriva, eu diria: se um povo é constrangido a obedecer e obedece, faz bem; mas, se é capaz de abalar o jugo e o abala, faz ainda melhor, pois recuperando sua liberdade mediante o mesmo direito pelo qual ela lhe foi arrebatada, ou vê nele base para retomá-la ou não havia, de modo algum, direito para que dele a subtraíssem. Porém, a ordem social é um direito sagrado que serve de base a todos os demais. Entretanto, esse direito não tem, absolutamente, origem na natureza, estando, portanto, fundado em convenções. Cumpre saber que convenções são essas. Antes de chegar a esse ponto, devo estabelecer o que acabo de antecipar.

REFUTAÇÃO DAS FALSAS DOUTRINAS DA AUTORIDADE

Capítulo ii
Das primeiras sociedades

A mais antiga de todas as sociedades, e a única que é natural, é a família. Ainda assim, os filhos só permanecem ligados ao pai enquanto dele necessitam para sua manutenção. Uma vez cessada essa necessidade, o vínculo natural se dissolve. Os filhos, isentos da obediência devida ao pai, o pai isento dos cuidados devidos aos filhos, retornam igualmente à independência. Se permanecem unidos não é mais naturalmente, mas voluntariamente e a própria família só se mantém por convenção.

Essa liberdade comum é uma consequência da natureza do ser humano. Sua primeira lei é cuidar de sua própria conservação, seus primeiros cuidados são os que deve a si mesmo e, uma vez tenha atingido a idade da razão, sendo ele, apenas, o juiz dos meios adequados à sua conservação, torna-se, em função disso, seu próprio senhor.

A família é, portanto, se quisermos, o primeiro modelo das sociedades políticas; o chefe é a imagem do pai, o povo é a imagem dos filhos e, nascidos todos iguais e livres, somente alienam sua liberdade a favor da própria utilidade. Toda a diferença consiste em que, dentro da família, o amor do pai pelos seus filhos o recompensa pelos cuidados que lhes dedica e, no Estado, o prazer de comandar substitui esse amor que o chefe não dedica ao seu povo.

Grócio nega que todo poder humano seja estabelecido a favor daqueles que são governados, citando ele a escravidão à guisa de exemplo. Sua forma mais constante de raciocinar é estabelecer sempre o direito pelo fato.[1] Poder-se-ia empregar um método mais consequente, mas não seria mais favorável aos tiranos.

Segundo Grócio, é, assim, duvidoso se o gênero humano pertence a uma centena de homens ou se essa centena de homens pertence ao gênero humano e ele parece, ao longo de todo o seu livro, inclinar-se para a primeira opinião. É essa também a opinião de Hobbes. Desse modo, eis diante de nós a espécie humana dividida em rebanhos bovinos, cada qual com seu chefe, que por ele zela para devorá-lo.

Da mesma forma que um pastor possui uma natureza superior à de seu rebanho, os pastores de homens, que são seus chefes, possuem, também, uma natureza superior à de seus povos. Assim raciocinava o imperador Calígula, segundo o relato de Fílon, concluindo facilmente por essa analogia que os reis eram deuses ou que os povos eram animais.

O raciocínio de Calígula conduz ao de Hobbes e de Grócio. Aristóteles, antes de todos eles, também afirmara que os homens não são naturalmente iguais, nascendo uns para a escravidão e outros para a dominação.

Aristóteles tinha razão, mas tomava o efeito pela causa. Todo homem nascido na escravidão nasce para a escravidão – nada mais certo. Os escravos tudo perdem nos seus grilhões, até o desejo de se livrarem deles; amam sua servidão como os companheiros de Ulisses amavam seu embrutecimento.[2] Se há, assim, escravos por natureza, é porque houve escravos contra a natureza. A força produziu os primeiros escravos, a frouxidão destes os perpetuou.

Nada disse sobre o rei Adão, nem sobre o imperador Noé, pai dos três grandes monarcas que compartilharam entre si o universo, como fizeram os filhos de Saturno, que se acreditou neles reconhecer. Espero que apreciem essa moderação de minha parte, pois descendente direto de um desses príncipes e, quiçá, do tronco mais antigo, quem sabe se mediante a verificação dos títulos não me descobriria como o legítimo rei do gênero humano? De uma maneira ou outra, não se pode discordar que Adão tenha sido o soberano do mundo, como Robinson o foi

---

1. "As sábias investigações sobre o direito público não são, amiúde, senão a história dos antigos abusos e agimos teimosamente quanto a elas quando nos empenhamos em estudá-las em demasia." *Traité manuscrit des intérêts de la Fr. avec ses voisins*, por M. L. M. A. Na edição de 1782 a referência é dada assim: *Traité des intérêts de la Fr. avec ses voisins, par M. le Marquis d'Argenson* (impresso por Rey em Amsterdã). Eis precisamente o que fez Grócio.

2. Veja-se o pequeno tratado de Plutarco intitulado *Os Animais usam a Razão*.

de sua ilha, já que era o seu único habitante; e o que havia de cômodo em tal império era que o monarca, seguro em seu trono, não precisava temer nem insurreições, nem guerras, nem conspiradores.

CAPÍTULO III
Do direito do mais forte

O mais forte jamais é bastante forte para ser sempre o senhor se não transformar sua força em direito e a obediência em dever. Assim é constituído o direito do mais forte, direito tomado ironicamente em aparência e realmente estabelecido em princípio. Mas jamais a nós será explicada essa palavra? A força é um poder físico; não vejo, de modo algum, que moralidade pode resultar de seus efeitos. Ceder à força é um ato de necessidade, não de vontade; é, no máximo, um ato de prudência. Em que sentido poderá ser um dever?

Suponhamos, por um momento, esse pretenso direito. Afirmo que o resultado dele é apenas um inexplicável discurso incompreensível, visto que se é a força que produz o direito, o efeito muda com a causa; toda força que sobrepuje a primeira a sucederá nesse direito. Uma vez que podemos desobedecer impunemente, nós o podemos legitimamente e posto que o mais forte tem sempre razão, trata-se somente de agir de modo a ser o mais forte. Ora, o que é um direito que perece quando cessa a força? Se for necessário obedecer pela força, não será necessário obedecer por dever e se não se é mais forçado a obedecer não se está mais obrigado. Percebe-se, então, que a palavra direito nada acresce à força, não tendo aqui significado algum.

Obedecei aos poderes. Se isso significa: cedei à força, o preceito é bom, mas supérfluo e digo que jamais será violado. Todo poder provém de Deus, admito-o, mas também toda doença. Significará isso que seja proibido chamar o médico? Se um assaltante me surpreender em um canto do bosque não somente será necessário, por força, que eu lhe entregue a bolsa como, se puder ocultá-la, não estarei em sã consciência obrigado a entregá-la, já que, afinal, a pistola que ele empunha é, também, um poder?

Convenhamos, então, que a força não produz o direito e que não se está obrigado a obedecer senão aos poderes legítimos, com o que retorna sempre minha questão inicial.

Capítulo IV
Da escravidão

Visto que nenhum homem tem qualquer autoridade natural sobre seu semelhante e visto que a força não produz direito algum, restam, então, as convenções como base para toda autoridade legítima entre os seres humanos.

Se um particular, diz Grócio, pode alienar sua liberdade e se tornar escravo de um senhor, por que não poderia todo um povo alienar a sua e se tornar súdito de um rei? Nessa sentença há muitas palavras equívocas que exigem explicação, mas nos detenhamos em *alienar*. Alienar significa dar ou vender. Ora, um homem que se faz escravo de outro não se dá: ele se vende – ao menos por sua subsistência. Mas e quanto a um povo? Por que se vende? Bem longe de prover a subsistência de seus súditos, um rei extrai a sua deles e, segundo Rabelais, um rei não vive de pouco. Os súditos dão, assim, suas pessoas sob a condição de que se tomem também seus bens? Não percebo o que lhes resta para conservar.

Dir-se-á que o déspota assegura aos seus súditos a tranquilidade civil. Que seja! Mas que ganham eles com isso se as guerras que a ambição do déspota lhes atrai, se sua avidez insaciável, se as vexações impostas pelo seu ministério os arruínam mais do que suas dissenções? Que ganham se essa própria tranquilidade é uma de suas (dos súditos) misérias? Vive-se também tranquilo nas masmorras. Será isso suficiente para que nos sintamos bem no interior delas? Os gregos confinados no antro do ciclope aí viviam tranquilos, aguardando sua vez de serem devorados.

Afirmar que um ser humano se dá gratuitamente é afirmar algo absurdo e inconcebível. Tal ato é ilegítimo e nulo, pelo simples fato de que aquele que o realiza não está no seu juízo perfeito. Afirmar coisa idêntica de todo um povo é supor um povo de loucos, e a loucura não produz direito.

Mesmo quando cada um pudesse alienar a si mesmo, não poderia alienar seus filhos, os quais nascem homens e livres; sua liberdade lhes pertence e ninguém tem o direito de dispor dela exceto eles mesmos. Antes que atinjam a idade da razão, o pai pode, em nome deles, estipular condições para sua conservação, para seu bem-estar, mas não os dar irrevogável e incondicionalmente, pois uma tal doação é contrária aos fins da natureza e ultrapassa os direitos da paternidade. Seria necessário, portanto, para que um governo arbitrário fosse legítimo, que a cada geração o povo fosse o senhor de admiti-lo ou rejeitá-lo: mas então esse governo não seria mais arbitrário.

Renunciar à sua liberdade é renunciar à sua qualidade de ser humano, aos direitos da humanidade, mesmo aos seus deveres. Não há compensação possível para alguém que renuncie a tudo. Uma tal renúncia é incompatível com a natureza do ser humano e despojar sua vontade de toda liberdade é idêntico a despojar suas ações de toda moralidade. Enfim, trata-se de uma convenção vã e contraditória estipular de um lado uma autoridade absoluta e, de outro, uma obediência ilimitada. Não fica claro que não se está, de modo algum, comprometido com aquele de quem se tem o direito de exigir tudo, e que essa condição única, sem equivalente, sem intercâmbio, acarreta a nulidade do ato? Pois qual direito meu escravo teria contra mim se tudo o que ele possui me pertence e que, seu direito sendo o meu, esse direito meu contra mim mesmo é uma palavra sem qualquer sentido?

Grócio e os outros autores encontram na guerra outra origem do pretenso direito de escravidão. Segundo eles, tendo o vencedor o direito de matar o vencido, pode este último resgatar sua vida às expensas de sua liberdade, convenção tanto mais legítima quanto redunda em proveitos para ambos.

Mas está claro que esse pretenso direito de matar os vencidos de maneira alguma resulta do estado de guerra. Isso pelo simples motivo de que os seres humanos, vivendo em sua primitiva independência, não entretendo, de modo algum, entre si uma relação tão contínua a ponto de constituir seja o estado de paz, seja o estado de guerra, não são naturalmente inimigos. É a relação entre as coisas e não entre os seres humanos que produz a guerra, e o estado de guerra, não podendo nascer das simples relações pessoais, mas somente de relações reais, não pode existir a guerra particular ou de homem contra homem, seja no estado de natureza onde não existe propriedade constante, seja no estado social onde tudo está sob a autoridade das leis.

Os combates particulares, os duelos, os confrontos são atos que não constituem um estado; e, com relação às guerras privadas, autorizadas pelas ordenações de Luís IX, rei de França, e suspensas pela paz de Deus, trata-se de abusos do governo feudal, sistema absurdo que sempre contrariou os princípios do direito natural e toda boa *politie*.

A guerra não é, portanto, em absoluto uma relação entre seres humanos, mas uma relação entre Estados na qual os indivíduos particulares são inimigos apenas acidentalmente, não o sendo, de modo algum, quer como homens, quer como cidadãos[3], mas como soldados – e tampouco como membros da pátria, mas como seus defensores. Enfim, todo Estado só pode ter por inimigos outros Estados e não homens, posto que entre coisas de natureza diversa não se pode estabelecer qualquer relação verdadeira.

Esse princípio se coaduna com as máximas estabelecidas em todos os tempos e com a prática de todos os povos civilizados. As declarações de guerra são menos avisos às potências do que aos seus súditos. O estrangeiro, seja rei, particular ou povo que rouba, mata ou detém os súditos sem declarar a guerra ao príncipe, não é um inimigo – é um bandido. Mesmo em plena guerra, um príncipe justo se apodera de tudo que é patrimônio público, mas respeita a pessoa e os bens dos particulares; ele respeita direitos sobre os quais estão fundados os seus direitos. Sendo a finalidade da guerra a destruição do Estado inimigo, tem-se o direito de matar seus defensores contanto que empunhem armas, mas no momento em que eles as depõem e se rendem, cessando de ser inimigos ou instrumentos do inimigo, eles voltam a ser simplesmente homens e não se tem mais direito sobre a vida deles. Por vezes, pode-se matar o Estado sem matar um só de seus membros: ora, a guerra não confere qualquer direito que não seja necessário à sua finalidade. Estes não são os princípios de Grócio, não são baseados na autoridade de poetas, mas derivados da natureza das coisas e fundados na razão.

Quanto ao direito de conquista, o único fundamento para ele é a lei do mais forte. Se a guerra em absoluto outorga ao vencedor o direito de massacrar os povos derrotados, esse direito de que ele não dispõe não pode dar fundamento ao de escravizá-los. Só se dispõe do direito de matar o inimigo quando não se pode convertê-lo em escravo; o direito

---

3. Os romanos, que compreenderam melhor e respeitaram mais o direito da guerra do que qualquer outra nação do mundo, levavam tão longe os escrúpulos em relação a isso que não era permitido a um cidadão servir como voluntário sem ter se alistado expressamente contra o inimigo e nominalmente contra tal inimigo. Tendo sido reformada a legião na qual Catão, o Moço, comandado por Popílio, iniciava-se na guerra, Catão, o Velho, escreveu a Popílio comunicando-lhe que, se desejasse que seu filho continuasse a servir sob seu comando, era necessário que o fizesse prestar um novo juramento militar porque, estando o primeiro anulado, ele não podia mais empunhar armas contra o inimigo. E o mesmo Catão escreveu a seu filho para que se abstivesse de participar do combate enquanto não prestasse o novo juramento. Sei que poderão me contestar com o sítio de Clusium e outros fatos particulares, mas, de minha parte, cito leis, costumes. Os romanos são aqueles que com menos frequência violaram suas leis e os únicos a tê-las tão belas.

de torná-lo escravo não é oriundo, portanto, do direito de matá-lo: trata-se, assim, de uma troca iníqua fazê-lo comprar ao preço de sua liberdade sua vida, sobre a qual nenhum direito se tem. Ao estabelecer o direito de vida e de morte sobre o direito de escravidão, e o direito de escravidão sobre o direito de vida e de morte, não se evidencia que caímos em um círculo vicioso?

Mesmo supondo esse direito terrível de matar tudo, digo que alguém tornado escravo mediante a guerra ou um povo conquistado nenhum compromisso tem com seu senhor exceto obedecer-lhe enquanto forçado a isso. Tomando um equivalente de sua vida, o vencedor não lhe concedeu qualquer graça: em lugar de matá-lo sem proveito, matou-o utilmente. Por conseguinte, longe de haver adquirido sobre ele alguma autoridade em associação à força, o estado de guerra subsiste entre eles como antes, sendo a própria relação entre eles o efeito desse estado e o uso do direito da guerra não supõe qualquer tratado de paz. Eles estabeleceram uma convenção – que seja –, mas esta convenção, longe de aniquilar o estado de guerra, supõe a continuidade deste.

Assim, em qualquer sentido que encaremos as coisas, o direito de escravidão é nulo, não apenas porque é ilegítimo, mas também porque é absurdo e carece de significado. Estas palavras, *escravidão* e *direito* são contraditórias, excluem-se mutuamente. Seja de um ser humano para um ser humano, seja de um ser humano para um povo, este discurso será sempre igualmente insensato: *Estabeleço contigo uma convenção cujos encargos são todos teus e toda ela em meu benefício e que eu observarei enquanto me agradar e que tu observarás enquanto me agradar.*

Capítulo V
De como é sempre mister remontar a uma convenção anterior

Ainda que eu assentisse com tudo o que até agora refutei, os fautores do despotismo não se encontrariam em melhor condição. Haverá sempre uma grande diferença entre submeter uma multidão e governar uma sociedade. Se homens esparsos são sucessivamente submetidos a um único, em qualquer número que o possam ser, não vejo nisso senão um senhor e escravos – não vejo, de modo algum, nisso um povo e seu chefe; trata-se, se o quisermos, de uma agregação, mas não de uma associação; não há aí nem bem público, nem corpo político. Tenha esse homem subjugado a metade do mundo, será sempre um particular. Seu interesse, separado daquele dos outros, é sempre um interesse privado. Se esse homem vier a morrer, seu império, depois dele, permanecerá esparso e sem conexão como um carvalho que, após o fogo o ter consumido, se dissolve e tomba em um monte de cinzas.

Um povo, diz Grócio, pode se entregar a um rei. Segundo Grócio, um povo é, portanto, um povo antes de se entregar a um rei. Essa doação é um ato civil; supõe uma deliberação pública. Por conseguinte, antes de examinar o ato mediante o qual um povo elege um rei, seria bom examinar o ato mediante o qual um povo é um povo, pois, sendo este ato necessariamente anterior ao outro, constitui um verdadeiro fundamento da sociedade.

De fato, se não houve uma convenção anterior, a menos que a eleição se revelasse unânime, onde estaria a obrigação dos menos numerosos se submeterem à escolha dos mais numerosos? E como cem que desejam um senhor terão o direito de votar por dez que não o desejam de modo algum? A lei da pluralidade dos sufrágios é ela própria uma instituição de uma convenção e supõe, ao menos por uma vez, a unanimidade.

DO FUNDAMENTO DA AUTORIDADE

Capítulo VI
Do pacto social

Suponho os homens chegando àquele ponto em que os obstáculos prejudiciais à sua conservação no estado de natureza sobrepujam, por sua resistência, as forças que cada indivíduo pode empregar para se manter nesse estado. Então, esse estado primitivo não pode mais subsistir e o gênero humano pereceria se não alterasse seu modo de ser.

Ora, como os seres humanos não podem engendrar novas forças, mas somente combinar e dirigir as existentes, não lhes resta outro meio para se conservarem senão formar, mediante agregação, uma soma de forças que possa vencer a resistência, impulsionando-as para um só móvel e as fazendo atuar em conjunto.

Essa soma de forças só pode se originar do concurso de muitos, mas sendo a força e a liberdade de cada ser humano os primeiros

38

instrumentos de sua conservação, como envolvê-los sem se prejudicar e sem negligenciar os cuidados que ele deve a si mesmo? Essa dificuldade, trazida ao meu assunto, pode ser enunciada nos seguintes termos: Encontrar uma forma de associação que defenda e proteja de toda a força comum a pessoa e os bens de cada associado e pela qual cada um se unindo a todos obedeça, todavia, apenas a si mesmo e permaneça tão livre como antes. Eis o problema fundamental para o qual o contrato social oferece a solução.

As cláusulas desse contrato são de tal forma determinadas pela natureza do ato que a menor modificação as tornaria vãs e de nenhum efeito, de sorte que, mesmo sendo enunciadas de maneira formal, são em todas as partes as mesmas, em todas as partes tacitamente admitidas e reconhecidas, de modo que, sendo o pacto social violado, cada um retornaria aos seus primeiros direitos e retomaria sua liberdade natural, perdendo a liberdade convencional pela qual renunciara a favor daquela.

Bem compreendidas, essas cláusulas se reduzem todas a uma só: a alienação total de cada associado com todos os seus direitos a toda a comunidade, pois, primeiramente, cada um se dando por inteiro, a condição é igual para todos, e a condição sendo igual para todos, ninguém tem o interesse de torná-la onerosa para os outros.

Ademais, a alienação sendo realizada sem reservas, a união é a mais próxima possível da perfeição e nenhum associado terá mais nada a reclamar; se persistissem quaisquer direitos aos particulares, como não haveria nenhum superior comum que pudesse decidir entre eles e o público, cada um sendo, de certa maneira, seu próprio juiz, pretenderia de imediato sê-lo de todos, o estado de natureza subsistiria e a associação se tornaria necessariamente tirânica ou vã.

Enfim, cada um se dando a todos, não se dá a ninguém, e como não há qualquer associado sobre o qual não se obtém o mesmo direito que se cede, ganha-se o equivalente de tudo o que se perde e mais força para se conservar o que se tem.

Se, portanto, exclui-se do pacto social aquilo que não é de sua essência, perceber-se-á que se reduziu aos termos seguintes: *Cada um de nós põe em comum sua pessoa e todo seu poder sob a suprema direção da vontade geral; e nós recebemos, enquanto corpo, cada membro como parte indivisível do todo.*

De imediato, em lugar da pessoa particular de cada contratante, esse ato de associação produz um corpo moral e coletivo, composto de tantos membros quantas são as vozes da assembleia, a qual recebe desse mesmo ato sua unidade, seu *eu* comum, sua vida e sua vontade. Essa pessoa pública assim formada pela união de todas as outras era designada outrora pelo nome de *cidade*,[4] sendo designada atualmente pelo nome de *república* ou *corpo político*, o qual é chamado por seus membros de *Estado* quando é passivo, *soberano* quando ativo e *potência* quando comparado aos seus semelhantes. Quanto aos associados, tomam coletivamente o nome de *povo* e se denominam em particular *cidadãos* enquanto participantes da autoridade soberana e *súditos* enquanto submetidos às leis do Estado. Entretanto, esses termos são, amiúde, confundidos e tomados um pelo outro; basta saber distingui-los ao serem empregados com toda a sua precisão.

Capítulo VII
Do Soberano

Vê-se, por essa fórmula, que o ato de associação encerra um compromisso recíproco do público com os particulares e que cada indivíduo, contratante, por assim dizer, consigo mesmo, encontra-se comprometido sob uma relação dupla, como membro do Soberano em relação aos particulares e como membro do Estado em relação ao Soberano. Mas não se pode aplicar aqui a máxima do direito civil de que ninguém

---

4. O verdadeiro sentido desta palavra quase desapareceu por completo entre os modernos. A maioria toma um burgo por uma cidade e um burguês por um cidadão. Ignoram que as casas constituem o burgo, mas que os cidadãos constituem a cidade. Outrora, esse mesmo erro custou caro aos cartagineses. Jamais li que o título de *cives* tivesse sido concedido aos súditos de algum príncipe, nem mesmo antigamente aos macedônios, nem atualmente aos ingleses, ainda que mais próximos da liberdade do que todos os demais. Apenas os franceses tomam com toda a familiaridade essa palavra *citoyens* (cidadãos), pois não têm sobre ela qualquer ideia verdadeira, como se pode constatar em seus dicionários, sem o que, usurpando-a, caiam em crime de lesa-majestade: entre eles esse nome exprime uma virtude e não um direito. Quando Bodin quis falar de nossos cidadãos e burgueses, cometeu crasso equívoco tomando uns pelos outros. M. d'Alembert não se enganou a respeito e distinguiu claramente em seu artigo *Genebra* as quatro ordens de homens (a rigor, cinco, se computados os simples estrangeiros) existentes em nosso burgo e das quais somente duas compõem a República. Nenhum outro autor francês, que eu saiba, compreendeu o verdadeiro sentido da palavra *citoyen* (cidadão).

está obrigado aos compromissos assumidos consigo mesmo, visto haver grande diferença entre se obrigar em relação a si mesmo ou em relação a um todo de que se faz parte.

É preciso observar ainda que a deliberação pública que pode obrigar todos os súditos relativamente ao Soberano, em função das duas relações distintas nas quais cada um deles é encarado, não pode, pela razão contrária, obrigar o Soberano relativamente a si mesmo e que, consequentemente, é contrário à natureza do corpo político o Soberano impor-se uma lei que não possa infringir. Podendo se considerar apenas sob uma única e mesma relação, acha-se então no caso de um particular contratando consigo mesmo: pelo que se vê que não há, nem pode haver, qualquer espécie de lei fundamental obrigatória para o corpo do povo, nem sequer o contrato social, o que não significa que esse corpo não possa inteiramente se envolver com outro naquilo que não se oponha a esse contrato, visto que, relativamente ao estrangeiro, se torna um ser simples, um indivíduo.

Mas o corpo político ou o Soberano, existindo tão somente pela integridade do contrato, não pode jamais se obrigar, mesmo em relação a outrem, a nada que contrarie esse ato primitivo, tal como alienar alguma porção de si mesmo ou se submeter a outro Soberano. Violar o ato pelo qual existe seria se aniquilar e o que não é nada, nada produz.

Logo que essa multidão é assim reunida em um corpo, não se pode ofender um dos membros sem atacar o corpo; tampouco ofender o corpo sem que os membros disso se ressintam. Assim, o dever e o interesse obrigam igualmente as duas partes contratantes a se assistirem mutuamente e os mesmos homens devem procurar reunir sob essa dupla relação todas as vantagens que dela dependem.

Ora, sendo o Soberano formado somente pelos particulares que o compõem, não tem, nem pode ter, interesse contrário ao deles; por conseguinte, o poder soberano não possui qualquer necessidade de garantia em relação aos súditos, porque é impossível que o corpo queira lesar a todos os seus membros e veremos, a seguir, que não pode prejudicar a qualquer em particular. O Soberano, unicamente pelo que é, é sempre tudo que deve ser.

Porém, o mesmo não sucede com os súditos em relação ao Soberano, ao qual, a despeito do interesse comum, ninguém responderia por seus compromissos se não encontrasse meios de assegurar a fidelidade dos súditos.

Com efeito, cada indivíduo pode, como homem, ter uma vontade particular contrária ou diversa da vontade geral que tem como cidadão. Seu interesse particular pode ser completamente distinto do interesse comum; sua existência absoluta e naturalmente independente pode fazê-lo considerar aquilo que ele deve à causa comum como uma contribuição gratuita, cuja perda será menos prejudicial aos demais do que seria oneroso o cumprimento para si, e considerando a pessoa moral que constitui o Estado como um ser de razão, visto não se tratar de um homem, ele desfrutaria dos direitos de cidadão sem desejar cumprir os deveres de súdito: injustiça cujo progresso arruinaria o corpo político. Para que, então, o pacto social não seja um vão formulário, nele estará encerrado tacitamente esse compromisso que, por si só, pode proporcionar a força aos outros, de modo que quem se recusar a obedecer à vontade geral será obrigado a fazê-lo por todo o corpo: o que não significa outra coisa senão que ele será forçado a ser livre, pois esta é a condição que, dando cada cidadão à pátria, o garante contra toda dependência pessoal, condição que constitui o artifício e o jogo da máquina política, e é a única que legitima os compromissos civis que, sem ela, seriam disparatados, tirânicos e sujeitos aos maiores abusos.

DOS EFEITOS DO PACTO

Capítulo VIII
Do estado civil

Essa passagem do estado de natureza ao estado civil produz no homem uma mudança muito acentuada, substituindo na sua conduta o instinto pela justiça e outorgando às suas ações a moralidade que lhe faltava antes. É agora, somente, quando a voz do dever sucede ao impulso físico e o direito ao apetite, que o homem, o qual até então olhara apenas para si mesmo, se vê forçado a agir com base em outros princípios e a consultar sua razão antes de escutar suas inclinações. Embora se prive nesse estado de várias vantagens que frui da natureza, granjeia outras de idêntica importância; suas faculdades se exercitam e se desenvolvem, suas ideias se ampliam, seus sentimentos se enobrecem, sua alma inteira se eleva a tal ponto que se os abusos dessa nova condição não o degradassem amiúde a uma condição inferior àquela de onde saiu, deveria bendizer incessantemente o instante ditoso que dela o arrancou para sempre e que, de um animal estúpido e limitado, fez um ser inteligente e um homem.

Reduzamos todo esse balanço a termos fáceis de comparação. O que o homem perde pelo contrato social é sua liberdade natural e um direito ilimitado a tudo que o tenta e que pode atingir; o que ganha é a liberdade civil e a propriedade de tudo o que possui. Para que não haja equívoco nessas compensações, é preciso distinguir bem a liberdade natural, a qual tem por limites somente as forças do indivíduo, da liberdade civil, a qual é limitada pela vontade geral, e a posse, que é apenas o efeito da força ou o direito do primeiro ocupante, da propriedade, que só pode ser fundada em um título positivo.

Poder-se-ia acrescentar quanto ao que precede à aquisição do estado civil a liberdade moral, a única que torna o homem verdadeiramente senhor de si mesmo, pois o impulso do apetite, por si só, é escravidão e a obediência à lei que se prescreveu, é a liberdade. Mas já me ocupei em demasiado deste tópico e o sentido filosófico da palavra *liberdade* não constitui aqui assunto para mim.

Capítulo IX
Do domínio real

Cada membro da comunidade a ela se dá no momento em que ela se forma, tal como ele se encontra atualmente, ele e todas as suas forças, das quais fazem parte os bens que possui, o que não significa por esse ato que a posse muda de natureza ao mudar de mãos, tornando-se propriedade nas mãos do Soberano. Mas, como as forças da cidade são incomparavelmente maiores que as de um particular, a posse pública é também, de fato, mais forte e mais irrevogável, sem ser mais legítima, ao menos para os estrangeiros, pois o Estado, em relação aos seus membros, é senhor de todos os bens destes mediante o contrato social, o qual no Estado serve de base a todos os direitos; mas não o é daqueles bens em relação às outras potências senão pelo direito de primeiro ocupante que obtém dos particulares.

O direito do primeiro ocupante, se bem que mais real que o do mais forte, só se torna um direito verdadeiro após o estabelecimento do direito de propriedade. Todo homem tem naturalmente direito a tudo aquilo que lhe é necessário, mas o ato positivo que o torna proprietário de qualquer bem o exclui de todo o resto. Definida sua parte, ele a ela deve se limitar e não tem mais qualquer direito ao que é comum. Eis porque o direito do primeiro ocupante, tão frágil no estado de natureza, é respeitável a todo homem civil. Respeita-se menos nesse direito o que é de outrem do que aquilo que não é de si mesmo.

Em geral, para que se autorize o direito de primeiro ocupante sobre um terreno qualquer, são necessárias as condições que se seguem. Primeiro, que esse terreno não esteja ainda habitado por ninguém; segundo, que se ocupe dele apenas a quantidade de que se tem necessidade para a subsistência; terceiro, que dele se tome posse não com uma vã cerimônia, mas com trabalho e cultivo da terra, único sinal de propriedade que, na falta de títulos jurídicos, deve ser respeitado pelos outros.

De fato, atribuir à necessidade e ao trabalho o direito do primeiro ocupante não será levá-lo o mais longe possível? Poder-se-ia não estabelecer limites a esse direito? Será suficiente botar o pé sobre um terreno comum para tão logo se pretender seu dono? Será suficiente dispor da força de afastar dele por um momento os outros homens para lhes retirar o direito de retornar a ele algum dia? Como pode um homem ou um povo se apoderar de um território imenso e dele privar todo o gênero humano senão por uma usurpação condenável, já que tira do resto dos homens o abrigo e os alimentos que a natureza lhes dá em comum? Quando Nuñez Balboa tomou, a partir de um regato, posse do mar do sul e de toda a América meridional em nome da coroa de Castela, foi o bastante para deles destituir todos os habitantes e deles excluir todos os príncipes do mundo? Sobre tal fundamento essas cerimônias se multiplicavam inutilmente e ao rei católico bastaria, de seu gabinete, de pronto tomar posse de todo o universo, desde que suprimisse, a seguir, de seu Império aquilo que antes era possuído pelos outros príncipes.

Pode-se conceber como as terras dos particulares reunidas e contíguas se tornam o território público e como o direito de soberania se estendendo dos súditos ao terreno que eles ocupam se torna simultaneamente real e pessoal; o que coloca os possuidores em uma maior dependência e faz de suas próprias forças as garantias de sua fidelidade, vantagem que não parece ter sido bem experimentada pelos antigos monarcas que, ao se chamarem de reis dos persas, dos citas, dos macedônios, pareciam se considerar mais chefes de homens do que senhores de países. Os monarcas de hoje se chamam mais habilmente de reis da França, da Espanha, da Inglaterra etc. Dominando o território, ficam bem seguros de dominar seus habitantes.

O que há de singular nessa alienação é que a comunidade, longe de privar os particulares de seus bens ao aceitá-los, nada mais faz do que garantir sua posse legítima, convertendo a usurpação em um verdadeiro direito e o gozo em propriedade. Passando, então, os possuidores a serem considerados como depositários do bem público, sendo seus direitos respeitados por todos os membros do Estado e assegurados por todas as forças deste contra o estrangeiro, mediante uma cessão vantajosa ao público e, ainda mais, a eles próprios, eles terão, por assim dizer, adquirido tudo o que deram, paradoxo facilmente explicável pela distinção de direitos que o Soberano e o proprietário têm sobre os mesmos bens, como se verá na sequência.

Pode ocorrer também que os homens principiem a se unir antes de possuir algo e que, apoderando-se em seguida de um terreno suficiente para todos, usufruam dele em comum, ou que o dividam entre si, seja igualmente, seja segundo proporções estabelecidas pelo Soberano. De qualquer maneira que se realize essa aquisição, o direito que cada particular tem sobre seu próprio bem está sempre subordinado ao direito que a comunidade tem sobre todos, sem o que não haveria nem solidez no vínculo social, nem força real no exercício da soberania.

Encerrarei este Capítulo e este Livro com uma observação que deve servir de base a todo o sistema social: é que em lugar de destruir a igualdade natural, o pacto fundamental substitui, ao contrário, por uma igualdade moral e legítima a desigualdade física que a natureza poderia ter colocado entre os homens e que, podendo ser desiguais em força ou em gênio, se tornam todos iguais pela convenção e pelo direito.[5]

---

5. Sob os maus governos, essa igualdade é aparente e ilusória; só serve para conservar o pobre na sua miséria e o rico em sua usurpação. Na realidade, as leis são sempre úteis àqueles que possuem e prejudiciais àqueles que nada possuem, do que se conclui que o estado social só é vantajoso aos homens na medida em que todos possuam alguma coisa e que nenhum deles possua algo em demasia.

LIVRO II

DA SOBERANIA

Capítulo I
A soberania é inalienável

A primeira e a mais importante consequência dos princípios até agora estabelecidos é que somente a vontade geral pode dirigir as forças do Estado segundo o objetivo de sua instituição, que é o bem comum, pois, se a oposição dos interesses particulares tornou necessário o estabelecimento das sociedades, foi o acordo desses mesmos interesses que o tornou possível. É o que há de comum nesses interesses diferentes que forma o vínculo social e se não houvesse qualquer ponto em que todos os interesses concordassem, não poderia existir sociedade alguma. Ora, é unicamente baseado nesse interesse comum que a sociedade deve ser governada.

Digo, pois, que, sendo a soberania tão somente o exercício da vontade geral, não pode jamais se alienar e que o Soberano, que não passa de um ser coletivo, só pode ser representado por ele mesmo; pode-se muito bem transmitir o poder, mas não a vontade.

Com efeito, se não é impossível que uma vontade particular se harmonize em algum ponto com a vontade geral, é impossível, ao menos, que esse acordo seja durável e constante, visto que a vontade particular se inclina, por sua natureza, para as preferências, e a vontade geral para a igualdade. É ainda mais impossível que se tenha uma garantia desse acordo; embora sempre devesse existir, não seria um efeito da arte, mas do acaso. É possível que o Soberano diga: "Quero, neste momento, o que quer um tal homem ou, ao menos, o que ele diz querer". Mas não é possível que ele diga: "Aquilo que esse homem quererá amanhã, eu o quererei", porquanto é absurdo que a vontade se prenda a cadeias futuras e porquanto não depende de vontade alguma consentir em algo oposto ao bem do ser que deseja. Se, então, o povo simplesmente promete obedecer, dissolve-se por esse ato, perde sua qualidade de povo; no instante em que há um senhor, não há mais Soberano e desde então o corpo político é destruído.

Isso não significa que as ordens dos chefes não possam passar por vontades gerais, contanto que o Soberano, livre para a isso se opor, não o faça. Em tal caso, do silêncio universal, deve-se presumir o consentimento do povo, o que será explicado mais adiante.

CAPÍTULO II
A soberania é indivisível

Pela mesma razão que a soberania é inalienável, ela é indivisível. Pois a vontade é geral[6] ou ela não o é; ou é aquela do corpo do povo, ou somente de uma parte. No primeiro caso, essa vontade declarada é um ato de soberania e produz lei. No segundo não passa de uma vontade particular ou um ato de magistratura; no máximo, é um decreto.

Porém, os nossos políticos, não podendo dividir a soberania no seu princípio, dividem-na no seu objeto; dividem-na em força e em vontade, em poder legislativo e em poder executivo, em direitos de impostos, justiça e guerra, em administração interna e em poder de tratar com o estrangeiro: tanto confundem todas essas partes quanto as separam; fazem do Soberano um ser fantástico e formado de peças ajustadas; é como se compusessem o homem de diversos corpos dos quais um teria os olhos, outro os braços, outro os pés e nada mais. Dizem que os charlatões do Japão despedaçam uma criança diante do olhar dos espectadores e, depois, arremessando ao ar todos os seus membros, um após o outro, fazem a criança cair viva e recomposta ao chão. Tais são, aproximadamente, os lances de prestidigitadores de nossos

---

6. Para que uma vontade seja geral, nem sempre é necessário que seja unânime, mas é necessário que todos os votos sejam computados. Toda exclusão formal rompe a generalidade.

políticos; após terem desmembrado o corpo social graças a um prodígio digno de feira, eles reúnem as peças, não se sabe como.

Esse erro se origina da falta de noções exatas sobre a autoridade soberana e de se ter tomado por partes dessa autoridade o que não passava de emanações. Assim, por exemplo, considerou-se o ato de declarar a guerra e o de celebrar a paz como atos de soberania, o que não são já que cada um desses atos não é, de modo algum, uma lei mas somente uma aplicação da lei, um ato particular que determina o caso da lei, como se verá com clareza quando a ideia ligada à palavra *lei* for definida.

Prosseguindo no exame das outras divisões, descobrir-se-á que todas as vezes que se crê ver a soberania dividida engana-se, que os direitos que se toma por partes dessa soberania estão todos a ela subordinados e supõem sempre vontades supremas às quais esses direitos apenas dão execução.

Não se saberia dizer quanta obscuridade essa falta de exatidão arrojou sobre as decisões dos autores em matéria de direito político, quando quiseram julgar direitos relativos a reis e a povos com base nos princípios que haviam estabelecido. Todos podem perceber nos Capítulos III e IV do Primeiro Livro de Grócio como esse sábio homem e seu tradutor, Barbeyrac, se confundem, embaraçam-se em seus sofismas, no temor de discursar demais sobre o tema, ou em não discursar o suficiente segundo seus pontos de vista e colocar em conflito os interesses que queriam conciliar. Grócio, refugiado na França, descontente com sua pátria e no desejo de agradar a Luís XIII, a quem seu livro é dedicado, nada poupa para despojar os povos de todos os seus direitos e para com estes revestir os reis com toda arte possível. Foi precisamente essa a intenção de Barbeyrac, que dedicou sua tradução ao rei da Inglaterra, Jorge I. Contudo, infelizmente, a expulsão de Jaime II, que ele chama de abdicação, forçou-o a se conservar reservado, a se esquivar, a tergiversar para não fazer de Guilherme um usurpador. Se esses dois escritores tivessem adotado os verdadeiros princípios, todas as dificuldades teriam sido vencidas e teriam se mostrado sempre coerentes, mas com isso teriam apenas tristemente dito a verdade e agradariam somente ao povo. Ora, a verdade não conduz à fortuna e o povo não concede nem embaixadas, nem cátedras, nem pensões.

48

Capítulo III

Se a vontade geral pode errar

Conclui-se do precedente que a vontade geral é sempre correta e tende sempre à utilidade pública, mas não se conclui que as deliberações do povo gozem sempre da mesma correção. Deseja-se sempre o seu próprio bem, mas não é sempre que se percebe onde ele se acha. Jamais se corrompe o povo, mas com frequência se o ludibria e é somente então que ele parece desejar o que é mal.

Há amiúde muita diferença entre a vontade de todos e a vontade geral; esta só considera o interesse comum, aquela considera o interesse privado e não passa de uma soma de vontades particulares, mas, ao subtrair dessas mesmas vontades os mais e os menos que se destroem mutuamente,[7] a soma das diferenças é a vontade geral.

Se, quando o povo suficientemente informado delibera, não dispusessem os cidadãos de alguma comunicação entre si, a vontade geral resultaria sempre do grande número de pequenas diferenças e a deliberação seria sempre boa. Mas quando ocorrem intrigas, associações parciais às expensas da grande, a vontade de cada uma dessas associações se torna geral relativamente a seus membros e particular em relação ao Estado; pode-se dizer então que não há tantos votantes quantos são os homens, mas somente tantos quantas são as associações. As diferenças se tornam menos numerosas e produzem um resultado menos geral. Enfim, quando uma dessas associações é tão grande que se assenhoreia de todas as demais, não tereis mais como resultado uma soma de pequenas diferenças, mas uma diferença única; então não há mais vontade geral e a opinião que prevalece é particular.

Importa, portanto, para que se alcance o devido enunciado da vontade geral que não haja sociedade parcial dentro do Estado e que cada cidadão opine apenas de acordo consigo mesmo.[8] Tal foi a instituição

---

7. *Cada interesse*, afirma o Marquês d'Argenson, *tem princípios diferentes. O acordo de dois interesses particulares é formado por oposição àquele de um terceiro.* Poderia ter acrescentado que o acordo de todos os interesses é formado por oposição àquele de cada um. Se não houvesse interesses diferentes, o interesse comum seria reconhecido com dificuldade, jamais encontrando obstáculos: tudo fluiria por si e a política cessaria de ser uma arte.

8. *Vera cosa è*, diz Maquiavel, *che alcune divisioni nuocono alle Republiche, e alcune giovano: quelle nuocono che sono dalle sette e da partigiani accompagnate; quelle giovano che senza sette,*

única e sublime do grande Licurgo. Se houver sociedades parciais, será necessário multiplicar seu número e prevenir sua desigualdade, como fizeram Sólon, Numa e Sérvio. São essas as únicas boas precauções para que a vontade geral seja sempre esclarecida e o povo não se engane.

Capítulo IV
Limites do poder soberano

Se o Estado ou a Cidade é tão só uma pessoa moral cuja vida consiste na união de seus membros, e se o mais importante de seus cuidados é o de sua própria conservação, faz-lhe necessária uma força universal e compulsória para mover e dispor cada parte da maneira mais conveniente ao todo. Tal como a natureza confere a cada homem um poder absoluto sobre todos os seus membros, o pacto social confere ao corpo político um poder absoluto sobre todos os seus, e é esse mesmo poder que, dirigido pela vontade geral, ostenta, como afirmei, o nome de soberania.

Mas, além da pessoa pública, temos de considerar as pessoas privadas que a compõem, cuja vida e liberdade são naturalmente independentes da pessoa pública. Trata-se, portanto, de distinguir bem os direitos correspondentes aos cidadãos, aqueles correspondentes ao Soberano[9] e os deveres a serem cumpridos pelos primeiros na qualidade de súditos do direito natural do qual devem fruir na qualidade de homens.

Concorda-se em geral que tudo o que cada um aliena mediante o pacto social de seu poder, de seus bens, de sua liberdade é somente a parte de tudo isso cujo uso importa à comunidade, porém é preciso convir que o Soberano, tão somente, é juiz dessa importância.

---

senza partigiani si mantengono. Non potendo adunque provedere un fondatore d'una Republica che non siano nimicizie in quella, hà de proveder almeno che non vi siano sette. Hist. Fiorent., L. VII*.

*. É verdade que algumas divisões são nocivas às Repúblicas e algumas, proveitosas: as nocivas são aquelas que comportam partidos e partidários; proveitosas aquelas que se mantêm sem partidos e sem partidários. Não podendo o fundador de uma República evitar que ocorram dissenções, ao menos deve ordená-la de sorte que não haja partidos. História de Florença, Livro VII. (N.T.)

9. Leitores atentos, não vos apresseis, eu vos rogo, em me acusar aqui de contradição. Não pude evitar tais termos em razão da pobreza da língua. Mas esperai.

Todos os serviços que um cidadão pode prestar ao Estado, ele os deve tão logo o Soberano os solicite; mas o Soberano, por seu lado, não pode sobrecarregar os súditos com um peso inútil à comunidade; não pode sequer desejá-lo pois, sob a lei da razão, nada se produz sem causa, tampouco sob a lei da natureza.

Os compromissos que nos ligam ao corpo social só são obrigatórios na medida em que são mútuos e sua natureza é tal que os cumprindo não se pode trabalhar para outrem sem trabalhar também para si. Por que seria a vontade geral sempre correta e por que todos desejariam continuamente a felicidade de cada um se não fosse porque não há ninguém que se aproprie da expressão *cada um* e que não pense em si mesmo ao votar por todos? O que prova que a igualdade de direito e a noção de justiça que ela produz derivam da preferência que cada um se outorga e, consequentemente, da natureza do homem, que a vontade geral para o ser verdadeiramente deve sê-lo no seu objeto bem como em sua essência, que deve partir de todos para se aplicar a todos e que perde sua retidão natural quando tende para algum objeto individual e determinado; porque, no momento em que julgamos aquilo que nos é estranho, não dispomos de qualquer princípio de equidade que nos guie.

Com efeito, sempre que se trata de um fato ou de um direito particular, a respeito de um ponto que não foi regulado por uma convenção geral e anterior, o assunto se torna contencioso. É um processo no qual os particulares interessados são uma parte e o público, a outra, mas no qual não vejo nem lei que deve ser acatada, nem o juiz que deve fazer o pronunciamento. Seria ridículo querer então se reportar a uma decisão expressa da vontade geral que só poderia ser a conclusão de uma das partes, e que, consequentemente, é para a outra uma vontade estranha, particular, concorrendo nesse ensejo para a injustiça e sujeita a erro. Assim, do mesmo modo que uma vontade particular não pode representar a vontade geral, a vontade geral, por sua vez, muda de natureza tendo um objeto particular e não pode, como geral, se pronunciar nem sobre um homem, nem sobre um fato. Quando o povo de Atenas, por exemplo, nomeava ou cassava seus chefes, atribuía honras a um, impunha penas a outro e por meio de numerosos decretos particulares exercia indistintamente todos os atos do governo, o povo, então, não possuía mais vontade geral propriamente dita; não atuava mais como Soberano, mas como magistrado. Isso pode se afigurar contrário às ideias comuns, porém é mister que me proporcionem tempo para expor as minhas.

Deve-se compreender nesse sentido que o que generaliza a vontade é menos o número de vozes expressas que o interesse comum que as une, já que nessa instituição cada um se submete necessariamente às condições que impõe aos outros, acordo admirável do interesse e da justiça que confere às deliberações comuns um caráter de equidade que vemos dissipar na discussão de todo assunto particular, na ausência de um interesse comum que una e identifique a regra do juiz com aquela da parte.

Seja por que caminho se remonte ao princípio, chega-se sempre à mesma conclusão, que o pacto social estabelece entre os cidadãos uma tal igualdade que se comprometem todos sob as mesmas condições e devem gozar todos dos mesmos direitos. Assim, pela natureza do pacto, todo ato de soberania, isto é, todo ato autêntico da vontade geral, obriga ou favorece igualmente todos os cidadãos, de sorte que o Soberano conhece somente o corpo da nação e não distingue qualquer um daqueles que a compõem. O que é, então, propriamente um ato de soberania? Não é uma convenção do superior com o inferior, mas uma convenção do corpo com cada um de seus membros – convenção legítima porque tem por base o contrato social, equitativa porque é comum a todos, útil porque não pode ter outro objeto senão o bem social, e sólida porque dispõe como garantia da força pública e do poder supremo. Enquanto submetidos somente a tais convenções, os súditos a ninguém obedecem exceto à sua própria vontade, e indagar onde se estendem os direitos correspondentes ao Soberano e aos cidadãos é indagar até que ponto estes podem se comprometer com eles mesmos, cada um em relação a todos e todos em relação a cada um deles.

Disso se percebe que o poder soberano, por mais absoluto, sagrado e inviolável que seja, não ultrapassa nem pode ultrapassar os limites das convenções gerais e que todo homem pode dispor plenamente do que lhe foi deixado de seus bens e de sua liberdade mediante as convenções; de sorte que o Soberano jamais goza do direito de onerar um súdito mais do que outro, porque então, tornando-se o assunto particular, seu poder não é mais competente.

Uma vez admitidas essas distinções, é a tal ponto falso que no contrato social haja da parte dos particulares alguma renúncia verdadeira, que a situação deles por efeito desse contrato se acha realmente preferível ao que era antes e que em lugar de uma alienação fizeram tão só uma troca vantajosa de uma maneira de ser incerta e precária por outra melhor e mais segura, da independência natural pela liberdade, do poder de prejudicar outrem por sua própria segurança e de sua força que outros podiam superar por um direito que a união social torna invencível. Sua própria vida, devotada ao Estado, é continuamente protegida e quando a expõem pela defesa do Estado, o que fazem senão lhe restituir o que dele receberam? O que fazem que não tenham feito mais amiúde e mais perigosamente no estado de natureza, quando, travando combates inevitáveis, defendiam com o risco da própria vida aquilo que era preciso para sua conservação? É verdade que, quando necessário, todos terão de lutar pela pátria, mas, também, ninguém terá jamais de combater por si mesmo. Não se ganha mais, expondo-se a algum risco, por aquilo que garante nossa segurança do que nos defendendo a nós mesmos no momento em que ela nos é subtraída?

Capítulo V
Do direito de vida e de morte

Pergunta-se como os particulares, não tendo direito de dispor de sua própria vida, podem transmitir ao Soberano esse mesmo direito que não possuem? Essa questão só parece difícil de ser resolvida por estar mal formulada. Todo homem tem direito de arriscar sua própria vida para preservá-la. Algum dia dissemos que aquele que se atira por uma janela para escapar de um incêndio é culpado de suicídio? Algum dia imputamos tal crime àquele que tenha perecido em uma tormenta da qual ignorava o perigo ao embarcar?

O tratado social tem por fim a conservação dos contratantes. Quem deseja o fim deseja também os meios e esses meios são inseparáveis de alguns riscos, até de algumas perdas. Quem deseja conservar sua vida às expensas dos outros deve também doar a eles a vida quando necessário. Ora, o cidadão deixa de ser juiz do perigo ao qual a lei deseja que ele se exponha e quando o Príncipe lhe diz: "Convém ao Estado que tu morras", ele deve morrer pois foi precisamente graças e essa condição que ele sobreviveu em segurança até agora, sua vida não sendo mais uma mera dádiva da natureza, mas um dom condicional do Estado.

A pena de morte infligida aos criminosos pode ser encarada aproximativamente do mesmo ponto de vista: é para não ser a vítima de um assassino que se consente em morrer caso se venha a ser um. Neste tratado, longe de dispor da própria vida, só se sonha em garanti-la, e não é de se supor que algum dos contratantes premedite se fazer enforcar.

Ademais, todo malfeitor que agride o direito social se torna por seus atos rebelde e traidor da pátria; deixa de ser membro dela ao violar suas leis, colocando-se em guerra contra ela. Ora, a conservação do Estado é incompatível com a sua e, então, é preciso que um dos dois pereça e quando se faz morrer o culpado, é menos como cidadão do que como inimigo. Os processos, o julgamento são as provas e a declaração de que ele rompeu o tratado social e que, por conseguinte, não é mais membro do Estado. Ora, como se reconheceu como tal, ao menos por sua residência, deve ser suprimido pelo exílio como infrator do pacto ou pela morte como inimigo público, pois um tal inimigo, não sendo uma pessoa moral, é um homem e o direito de guerra é matar o vencido.

Mas, dirão, a condenação de um criminoso é um ato particular. Concordo. E também essa condenação não diz respeito ao Soberano; trata-se de um direito que ele pode conferir sem poder exercê-lo ele próprio. Todas as minhas ideias se vinculam, mas não saberia expô-las todas ao mesmo tempo.

De resto, a frequência dos suplícios é sempre um sinal de fragilidade ou de indolência do governo. Não há homem mau que não se possa tornar bom para alguma coisa. Não se tem o direito de tirar a vida, mesmo a título de exemplo, senão daquele que não é possível conservar sem perigo.

No que concerne ao direito de conceder a graça ou de isentar um culpado da pena estabelecida pela lei e pronunciada pelo juiz, está reservado unicamente àquele que se encontra acima do juiz e da lei, ou seja, ao Soberano, embora seu direito, nesse caso, não esteja bem claro e os casos nos quais possa empregá-lo sejam muito raros. Em um Estado bem governado as punições são escassas, não porque sejam concedidas muitas graças, mas por haver poucos criminosos: a profusão de crimes assegura a impunidade quando o Estado se debilita. Sob a República romana, jamais o Senado ou os cônsules procuraram conceder graça; mesmo o povo assim não agia, ainda que algumas vezes revogasse seu próprio julgamento. As graças frequentes anunciam que logo os atos criminosos não terão mais necessidade delas e todos podem perceber aonde isso conduz. Mas sinto que meu coração murmura e retém minha pena: deixemos essas questões para a discussão do homem justo que nunca falhou e que jamais necessitou, ele próprio, de graça.

DA LEI E DO LEGISLADOR

Capítulo vi
Da lei

Pelo pacto social demos existência e vida ao corpo político: trata-se agora de lhe dar movimento e vontade mediante a legislação, já que o ato primitivo, por meio do qual esse corpo se forma e se une, nada determina quanto àquilo que ele deverá realizar para se conservar. O que está bem e em conformidade com a ordem assim é devido à natureza das coisas e independentemente das convenções humanas. Toda justiça provém de Deus, da qual é ele a única fonte; se soubéssemos, porém, recebê-la de tão alto, prescindiríamos tanto de governo quanto de leis. Há, indubitavelmente, uma justiça universal emanada exclusivamente da razão, mas essa justiça, para ser admitida entre nós, deve ser recíproca. A considerar humanamente as coisas, à falta da sanção natural, as leis da justiça são vãs entre os homens; limitam-se a produzir o bem do perverso e o mal do justo, quando este as observa com todos sem que ninguém as observe com ele. São necessárias, portanto, convenções e leis para associar os direitos aos deveres e conduzir a justiça ao seu objetivo. No estado de natureza, no qual tudo é comum, nada devo àqueles a quem nada prometi; apenas reconheço como pertencente a outrem aquilo que é inútil para mim. Não é assim no estado civil, no qual todos os direitos são fixados pela lei.

Mas o que é afinal uma lei? Enquanto nos contentarmos em atribuir a essa palavra ideias metafísicas, continuaremos a raciocinar sem entendimento e quando dissermos o que é uma lei da natureza, não saberemos melhor o que é uma lei do Estado.

Já afirmei que não há, de maneira alguma, vontade geral em relação a um objeto particular. De fato, esse objeto particular está dentro do Estado ou fora do Estado. Se está fora do Estado, uma vontade que lhe é estranha não é geral em relação a ele; e se esse objeto está dentro do Estado, faz parte dele. Então, forma-se entre o todo e sua parte uma relação que deles faz dois seres separados, na qual a parte é um e o todo menos essa mesma parte é o outro. Mas o todo menos uma parte não é, de modo algum, o todo e enquanto subsistir essa relação não há todo mas duas partes desiguais, do que se conclui que a vontade de uma não é mais geral relativamente à outra.

Mas quando todo o povo estatui sobre todo o povo, ele considera apenas a si mesmo e se é formada então uma relação, é entre o objeto inteiro sob certo ponto de vista e o objeto inteiro sob outro ponto de vista, não incluindo qualquer divisão do todo. Então, a matéria estatuída é geral como a vontade que estatui. É esse ato que chamo de lei.

Quando digo que o objeto das leis é sempre geral, entendo que a lei considera os súditos um corpo e as ações abstratas, nunca um homem como indivíduo ou uma ação particular. Assim, a lei poderá muito bem estatuir que haverá privilégios, porém não poderá conferi-los nominalmente a alguém; a lei poderá estabelecer diversas classes de cidadãos, mesmo indicar as qualidades que darão direito a essas classes, mas não poderá nomear tais e tais indivíduos para admissão nessas classes; pode estabelecer um governo real e uma sucessão hereditária, mas não pode escolher um rei ou nomear uma família real; em uma palavra, toda função que diz respeito a um objeto particular não tange ao poder legislativo.

Com base nessa ideia, percebe-se de imediato que não é mais necessário perguntar a quem compete fazer as leis, visto que são atos da vontade geral; nem se o Príncipe está acima das leis, visto que ele é membro do Estado; nem se a lei pode ser injusta, já que ninguém é injusto consigo mesmo; nem como se é livre e submetido às leis, já que elas não passam de registros de nossas vontades.

Percebe-se ainda que a lei, reunindo a universalidade da vontade e a do objeto, aquilo que um homem, quem quer que seja, ordena por sua conta, não é, de modo algum, uma lei; o que ordena mesmo o Soberano em relação a um objeto particular tampouco é uma lei, mas um decreto e não um ato de soberania, mas de magistratura.

Chamo então de *República* todo Estado regido por leis, sob qualquer forma administrativa que possa existir: pois então somente o interesse público governa e a coisa pública é alguma coisa. Todo governo legítimo é republicano.[10] Explicarei mais adiante o que é governo.

---

10. Por esta palavra não entendo somente uma aristocracia ou uma democracia, mas, em geral, todo governo guiado pela vontade geral, a qual é a lei. Para ser legítimo, não é necessário

As leis não são propriamente senão as condições da associação civil. O povo submetido às leis deve ser seu autor; compete somente àqueles que se associam regulamentar as condições da sociedade. Mas como as regulamentarão? Será por um comum acordo, por uma inspiração súbita? Possui o corpo político um órgão para enunciar essas vontades? Quem lhe proporcionará a previsão necessária para constituir os atos e publicá-los antecipadamente, ou como os pronunciará no instante da necessidade? Como uma multidão cega que com frequência não sabe o que quer, pois raramente está ciente do que é bom para si, executaria ela própria um empreendimento tão grande, tão difícil como um sistema legislativo? O povo, de sua parte, quer sempre o bem, mas, de sua parte, nem sempre tem dele percepção. A vontade geral é sempre correta, porém o julgamento que a guia não é sempre esclarecido. É mister fazer com que ele veja os objetos tais como são, por vezes tais como devem lhe parecer, mostrar-lhe o bom caminho que a vontade geral busca, defendê-la da sedução das vontades particulares, aproximar de seus olhos os lugares e os tempos, equilibrar a atração das vantagens presentes e sensíveis pelo perigo dos males distanciados e ocultos. Os particulares veem o bem que rejeitam – o público quer o bem que não vê. Todos têm, igualmente, necessidade de guias. É preciso obrigar os primeiros a conformar suas vontades à sua razão; é preciso ensinar ao segundo a conhecer o que quer. Então, das luzes públicas resultará a união do entendimento e da vontade no corpo social, daí o exato acordo das partes e, finalmente, a maior força do todo. Eis de onde nasce a necessidade de um legislador.

Capítulo vii
Do legislador

Para descobrir as melhores regras de sociedade que convêm às nações, seria necessária uma inteligência superior, que visse todas as paixões humanas e não experimentasse nenhuma delas, que não tivesse qualquer relação com nossa natureza e que a conhecesse a fundo, cuja felicidade fosse independente de nós e que, todavia, quisesse se ocupar

---

que o governo se confunda com o Soberano, mas que seja seu ministro, de maneira que a própria monarquia é república. Isso será esclarecido no Livro seguinte.

da nossa; enfim, que no decorrer do tempo, administrando uma glória distante, pudesse trabalhar em um século e fruir em outro.[11] Seriam necessários deuses para dar leis aos homens.

O mesmo raciocínio que fazia Calígula quanto ao fato, fazia Platão quanto ao direito para definir o homem civil ou real que ele busca no seu livro *sobre o reino*; mas se é verdade que um grande príncipe é um homem raro, o que se dirá quanto a um grande legislador? Basta ao primeiro seguir o modelo que deve ser proposto pelo segundo. Este é o mecânico que inventa a máquina, aquele apenas o operário que a monta e faz operar. À origem das sociedades, diz Montesquieu, são os chefes das repúblicas que produzem a instituição e é, posteriormente, a instituição que forma os chefes das repúblicas.

Aquele que ousa empreender a instituição de um povo deve se sentir no estado de mudar, por assim dizer, a natureza humana; de transformar cada indivíduo, que por si é um todo perfeito e solitário, em parte de um todo maior do qual esse indivíduo recebe de alguma maneira sua vida e seu ser; de alterar a constituição do homem a fim de reforçá-la; de substituir por uma existência parcial e moral a existência física e independente que todos nós recebemos da natureza. É mister, em uma palavra, que ele subtraia do homem suas forças próprias para lhe dar forças que lhe são estranhas e das quais não pode fazer uso sem o auxílio de outrem. Quanto mais essas forças naturais estiverem mortas e aniquiladas, mais as adquiridas serão grandes e duráveis e mais sólida e perfeita será a instituição, de sorte que, se cada cidadão é nada, nada pode a não ser mediante todos os outros, e a força adquirida pelo todo é igual ou superior à soma das forças naturais de todos os indivíduos, pode-se dizer que a legislação estará no ponto mais alto de perfeição que possa atingir.

O legislador é, sob todos os aspectos, um homem extraordinário no Estado. Se deve sê-lo por seu gênio, não o é menos por seu cargo. Não é, de modo algum, magistratura; não é, de modo algum, soberania. Esse cargo, que constitui a república, não entra em sua constituição. É uma função particular e superior que nada tem de comum com o império humano, pois se aquele comanda os homens não deve comandar as leis,

---

11. Um povo só se torna célebre quando a legislação principia a declinar. Ignora-se por quantos séculos a instituição de Licurgo produziu a felicidade dos espartanos antes que se falasse deles no resto da Grécia.

aquele que comanda as leis não deve, tampouco, comandar os homens; se assim não fosse, suas leis – ministros de suas paixões – não fariam mais do que perpetuar suas injustiças e jamais poderia ele evitar que pontos de vista particulares alterassem a integridade de sua obra. Quando Licurgo deu leis à sua pátria, começou por abdicar da realeza. Era costume da maioria das cidades gregas confiar a estrangeiros o estabelecimento de suas leis. As repúblicas modernas da Itália imitaram com frequência esse costume; a república de Genebra fez o mesmo e se deu bem.[12] Roma, na sua idade de ouro, viu renascer em seu seio todos os crimes da tirania e se viu prestes a perecer por ter reunido sobre as mesmas cabeças a autoridade legislativa e o poder soberano.

Contudo, os próprios decênviros jamais se arvoraram o direito de fazer passar alguma lei contando apenas com sua autoridade. *Nada do que vos propomos*, diziam eles ao povo, *pode se converter em lei sem vosso consentimento. Romanos, sede vós mesmos os autores das leis que devem fazer vossa felicidade.*

Aquele que redige as leis não tem, portanto, ou não deve ter qualquer direito legislativo e o próprio povo não pode, se o quisesse, privar-se desse direito incomunicável, porque segundo o pacto fundamental, exclusivamente a vontade geral obriga os particulares e só se pode ter certeza de que uma vontade particular se acha em conformidade com a vontade geral após a ter submetido aos sufrágios livres do povo. Já o mencionei, mas não é ocioso repeti-lo.

Assim, encontramos simultaneamente no trabalho da legislação duas coisas que parecem incompatíveis: um empreendimento acima das forças humanas e, para executá-lo, uma autoridade que nada é.

Há outra dificuldade que merece nossa atenção. Os sábios que desejassem se dirigir ao vulgo com a linguagem deles em lugar daquela do vulgo não seriam compreendidos. Ora, há mil espécies de ideias impossíveis de serem traduzidas para a língua do povo. As opiniões muito gerais e os objetos muito distantes estão, igualmente, fora de seu alcance; cada indivíduo, apreciando tão só o plano de governo que

---

12. Aqueles que têm Calvino apenas como teólogo, conhecem mal a extensão de seu gênio. A redação de nossos sábios editos, no que ele muito participou, honra-o tanto quanto sua instituição. Seja qual for a revolução que o tempo possa trazer ao nosso culto, enquanto o amor pela pátria e pela liberdade não se extinguir entre nós, jamais a memória desse grande homem cessará de ser bendita.

se relaciona ao seu interesse particular, dificilmente percebe as vantagens que deve extrair das privações contínuas impostas pelas boas leis.

Para que um povo ainda jovem pudesse apreciar as máximas sadias da política e seguir as regras fundamentais da razão de Estado, seria preciso que o efeito pudesse se converter em causa, que o espírito social, o qual deve ser a obra da instituição, presidisse à própria instituição e que os homens fossem antes das leis aquilo em que deveriam se tornar mediante elas. Assim sendo, não podendo o legislador empregar nem a força nem o raciocínio, impõe-se como necessidade que ele recorra a uma autoridade de outra ordem, a qual possa induzir sem violência e persuadir sem convencer.

Eis aí o que constrangeu em todas as épocas os pais das nações a recorrer à intervenção do céu e honrar aos deuses com sua própria sabedoria, a fim de que os povos, submetidos às leis do Estado, como àquelas da natureza, e reconhecendo poder idêntico na formação do homem e na da cidade, obedecessem livremente e suportassem docilmente o jugo da felicidade pública.

Essa razão sublime que se eleva acima da compreensão dos homens vulgares é aquela cujas decisões o legislador põe na boca dos imortais para induzir mediante a autoridade divina aqueles que a prudência humana não poderia abalar.[13] Mas não cabe a qualquer homem fazer falar os deuses ou se fazer acreditar quando anuncia ser deles o intérprete. A grande alma do legislador constitui o verdadeiro milagre que deve provar sua missão. Todo homem pode gravar tábuas de pedra ou comprar um oráculo, ou fingir um comércio secreto com alguma divindade, ou adestrar uma ave para lhe falar ao ouvido, ou encontrar outros meios grosseiros para se impor ao povo. Aquele que só souber fazer isso poderá até, casualmente, congregar um bando de insensatos, mas jamais fundará um império e sua obra extravagante perecerá logo junto com ele. Os prestígios vãos formam um elo passageiro, somente

---

13. *E veramente*, diz Maquiavel, *mai non fù alcuno ordinatore di leggi straordinarie in un popolo, che non ricorresse a Dio, perche altrimenti non sarebbero accettate: perche sono molti beni conosciuti da uno prudente, i quali non hanno in se raggioni evidenti da potergli persuadere ad altrui. Discorsi sopra Tito Livio*, Libro I, Capítulo XI.*

*. E verdadeiramente jamais houve algum legislador de leis extraordinárias no seio de um povo que não recorresse a Deus, pois, de outra forma, não seriam aceitas: pois que há muitos bens conhecidos pelo sábio, os quais não possuem em si razões evidentes capazes de persuadir aos outros. *Discurso sobre a Primeira Década de Tito Lívio*, Livro I, Capítulo XI. (N.T.)

a sabedoria o torna duradouro. A lei judaica que sempre subsiste, a do filho de Ismael, que há dez séculos rege a metade do mundo, anunciam ainda hoje os grandes homens que as ditaram; e enquanto a orgulhosa filosofia ou o cego espírito de partido só consegue neles ver impostores felizardos, o verdadeiro político admira em suas instituições esse grande e poderoso gênio que preside aos estabelecimentos duráveis.

Não é necessário que se conclua de tudo isso com Warburton que a política e a religião tenham entre nós um objeto comum, mas sim que na origem das nações uma serve de instrumento à outra.

DOS DIFERENTES POVOS

Capítulo VIII
Do povo

Tal como o arquiteto, antes de construir um grande edifício, observa e sonda o solo a fim de verificar se este é capaz de sustentar o peso, o sábio legislador não principia redigindo boas leis em si mesmas, mas investiga antes se o povo ao qual as destina está apto a assimilá-las. É por isso que Platão se recusou a legislar para os arcadianos e os cirênios, ciente de que esses dois povos eram ricos e não poderiam arcar com a igualdade: é por essa razão que se vê em Creta boas leis e maus homens já que Minos disciplinara um povo repleto de vícios.

Inúmeras nações brilharam sobre a Terra que jamais poderiam suportar boas leis e mesmo aquelas que o teriam podido as tiveram durante um efêmero período ao longo de toda a sua existência. Os povos, bem como os homens, apenas são dóceis enquanto são jovens, tornando-se incorrigíveis ao envelhecerem; uma vez estabelecidos os costumes e enraizados os preconceitos, torna-se empreendimento perigoso e vão querer reformá-los; o povo não consegue sequer suportar que se ataque seus males para destruí-los, semelhante a esses enfermos estúpidos e sem coragem que tremem ante a aproximação do médico.

Isso não quer dizer que tal como algumas enfermidades transtornam a cabeça dos homens e lhes roubam a lembrança do passado, não se descubra, por vezes, no curso da existência dos Estados, épocas violentas nas quais as revoluções produzem nos povos o que certas crises produzem nos indivíduos, fazendo com que o horror do pretérito tome o lugar do esquecimento, e nas quais o Estado, agitado por guerras civis, renasce, por assim dizer, de suas cinzas e retoma o vigor da juventude livrando-se dos braços da morte. Assim sucedeu em Esparta na época de Licurgo, assim sucedeu em Roma após os Tarquínios e assim sucedeu entre nós, na Holanda e na Suíça após a expulsão dos tiranos. Entretanto, esses eventos são raros; trata-se de exceções cuja razão se encontra sempre na constituição particular do Estado que é exceção. Nem sequer poderiam acontecer duas vezes para o mesmo povo, pois este pode se libertar apenas quando é bárbaro, não o podendo mais uma vez esgotado o expediente civil. Então os distúrbios podem destruí-lo sem que as revoluções possam recuperá-lo e assim que seus grilhões são rompidos, ele tomba desfeito e não existe mais. Doravante é-lhe necessário um senhor e não um libertador. Povos livres, lembrai-vos desta máxima: pode-se obter a liberdade, mas recuperá-la, jamais.

Há para as nações como para os homens um tempo de maturidade que é preciso aguardar antes de submetê-los às leis; mas a maturidade de um povo nem sempre é fácil de ser conhecida e se a prevemos, a obra está perdida. Este povo é disciplinável no nascedouro, aquele só o será ao fim de dez séculos. Os russos jamais serão verdadeiramente policiados porque o foram demasiado cedo. Pedro tinha o gênio imitativo, não o verdadeiro, o que cria e tudo produz a partir de nada. Algumas das coisas que fez eram boas, a maioria delas eram inadequadas. Percebeu que seu povo era bárbaro mas não percebeu que não estava amadurecido para a polícia; ele quis civilizar quando o necessário era apenas torná-lo aguerrido. Quis, primeiramente, fazer alemães, ingleses, quando era necessário começar por fazer russos; impediu seus súditos de jamais se tornarem o que poderiam ser ao persuadi-los de que eram o que não são. É assim que um preceptor francês forma seu discípulo para que brilhe por um momento em sua infância e depois jamais ser coisa alguma. O Império da Rússia desejará subjugar a Europa e será subjugado ele próprio. Os tártaros – seus súditos ou seus vizinhos – se tornarão seus senhores e os nossos: esta revolução me parece infalível. Todos os reis da Europa laboram em conjunto para acelerá-la.

Capítulo IX
Continuação

Tal como a natureza estabeleceu limites para a estatura de um homem de boa compleição, além dos quais tão só produz gigantes ou anões, da mesma maneira há, em relação à melhor constituição de um Estado, limites para a extensão que pode ter, a fim de que não seja nem excessivamente grande para ser bem governado, nem excessivamente pequeno para ser autossuficiente. Há dentro de todo corpo político um *maximum* de força que não deve ser ultrapassado e do qual frequentemente o Estado se distancia em função de seu crescimento. Quanto mais se estende o vínculo social mais se afrouxa e, em geral, um Estado pequeno é proporcionalmente mais forte do que um grande.

Numerosas razões demonstram essa máxima. Primeiramente, a administração se torna mais difícil quando grandes distâncias estão envolvidas, como um peso se torna mais pesado à extremidade de uma alavanca mais longa. Também se torna a administração mais onerosa à medida que seus graus se multiplicam, já que, em primeiro lugar, cada cidade tem sua própria administração que o povo paga, cada distrito a sua, também paga pelo povo, em seguida cada província, depois os grandes governos, as satrapias, os vice-reinos que é preciso sempre pagar mais caro à medida que se avança, e sempre à custa do povo infeliz; finalmente, vem a administração suprema, que tudo esmaga. Tantas sobrecargas esgotam continuamente os súditos; longe de serem mais bem governados por essas distintas ordens, estão piores do que se houvesse uma única acima deles. E, contudo, mal restam recursos para os casos extraordinários, e quando é necessário a eles apelar, o Estado se acha sempre à beira de sua ruína.

E isso não é tudo. Não somente o governo dispõe de menos vigor e celeridade para fazer com que as leis sejam observadas, impedir as vexações, corrigir os abusos, prevenir as atividades sediciosas que possam ocorrer nos lugares afastados, como o povo tem menos afeição por chefes que ele nunca vê, pela pátria que é aos seus olhos como o mundo, e por concidadãos que lhe são, na maioria, estranhos. Leis idênticas não podem convir a tantas províncias diversas que têm costumes diferentes, que vivem em climas opostos e não podem se submeter à mesma forma de governo. Leis diferentes geram distúrbios e confusão entre povos que, vivendo sob os mesmos chefes e em comunicação constante, convivem e se casam entre si e, submetidos a outros costumes, sempre desconhecem se seu patrimônio realmente lhes pertence. Os talentos são ofuscados, as virtudes são ignoradas, os vícios ficam impunes nessa multidão de seres humanos que não se conhecem entre si, que a sede da administração suprema reúne em um mesmo lugar. Os chefes, sobrecarregados de assuntos, nada veem por si mesmos, delegados governam o Estado. Enfim, as medidas a serem tomadas para a manutenção da autoridade geral, à qual tantos funcionários distantes desejam se furtar ou impor, absorvem todos os cuidados públicos, nada mais restando para a felicidade do povo exceto um pouco para o caso de necessidade; e é assim que um corpo demasiado grande por sua constituição se debilita e perece esmagado sob seu próprio peso.

Por outro lado, o Estado deve outorgar a si mesmo certa base para ter solidez, para resistir aos abalos que não deixará de experimentar e aos esforços que se verá constrangido a fazer para se sustentar, pois todos os povos dispõem de uma espécie de força centrífuga, pela qual atuam continuamente uns contra os outros e tendem a crescer à custa de seus vizinhos, como os turbilhões de Descartes. Assim os fracos correm logo o risco de serem tragados e nenhum pode, em absoluto, se conservar a não ser se colocando com todos em uma espécie de equilíbrio que torna em todos os pontos a compressão aproximadamente igual.

Disso se vê que há razões para a expansão e razões para a contração, e que não constitui pouco talento do político descobrir entre umas e outras a proporção que mais favoreça à preservação do Estado. Pode-se dizer, no geral, que as primeiras, sendo apenas externas e relativas, devem se subordinar às outras, estas internas e absolutas; a primeira coisa a ser investigada é uma constituição sadia e forte e se deve contar mais com o vigor que nasce de um bom governo do que com os recursos providos por um grande território.

De resto, têm-se visto Estados de tal forma constituídos que a necessidade de conquistas fazia parte de sua própria constituição e que, para se preservarem, eram forçados a expandir incessantemente. Talvez muito se felicitassem por essa aprazível necessidade, que lhes indicava, entretanto, com o desfecho de sua grandeza, o inevitável momento de sua queda.

Capítulo x
Continuação

Pode-se medir um corpo político de duas maneiras: pela extensão do território e pelo número de habitantes e há, entre uma e outra dessas medidas, uma relação conveniente para proporcionar ao Estado sua verdadeira grandeza. São os homens que fazem o Estado e é a terra que alimenta os homens, sendo, então, a relação ser a terra suficiente à manutenção de seus habitantes e haver tantos habitantes quantos a terra possa nutrir. É nessa proporção que se encontra o *maximum* de força de um dado número de habitantes, pois se houver excesso de terra, sua proteção será onerosa, a cultura insuficiente, o produto supérfluo – a causa próxima das guerras defensivas; se não houver o bastante, o Estado se achará, para complementação, à mercê dos seus vizinhos – causa próxima das guerras ofensivas. Todo povo que não possui, devido à sua posição, senão da alternativa entre o comércio e a guerra é, em si mesmo, frágil; depende de seus vizinhos e depende dos acontecimentos; sempre contará com uma existência incerta e efêmera. Se subjugar mudará de situação, ou se for subjugado nada será. Só consegue preservar a liberdade através de pequenez ou de grandeza.

Não é possível calcular uma relação fixa entre a extensão da terra e o número de habitantes que indique suficiência recíproca, tanto devido às diferenças de qualidade da terra, no seu grau de fertilidade, na natureza de seus produtos, na influência do clima, quanto devido às diferenças observadas no temperamento dos homens que as habitam, alguns consumindo pouco em um país fértil, outros muito em um solo ingrato. É preciso ainda considerar a maior ou menor fecundidade das mulheres, aquilo que o país pode ter a mais ou a menos que favoreça a população, a quantidade com a qual o legislador pode esperar concorrer mediante suas instituições; de sorte que não deverá basear seu julgamento naquilo que vê mas no que prevê, nem se deter tanto no presente estado da população quanto naquele que ela deverá naturalmente atingir. Por fim, há inúmeras ocasiões nas quais acidentes particulares locais exigem ou permitem que se abarque mais terreno do que se afigura necessário. Assim haverá muita expansão em um país montanhoso, onde as produções naturais, as madeiras, os pastos demandam menos labor, onde a experiência ensina que as mulheres são mais fecundas do que nas planícies, e onde um vasto solo inclinado constituído por encostas oferece escassa base horizontal, a única com que se pode contar para a vegetação. Ao contrário, é possível se comprimir à beira do mar, mesmo nos rochedos e nas areias semiestéreis porque a pesca aí pode suplementar em grande parte os produtos da terra, devem os homens estar mais unidos para repelir os piratas, tendo-se, ademais, maior facilidade para aliviar o país dos habitantes de que está sobrecarregado.

A essas condições para a formação de um povo, é preciso acrescer uma incapaz de suprir a nenhuma outra, mas sem a qual todas são inúteis: trata-se do gozo da abundância da paz, pois o tempo no qual se organiza um Estado é, como aquele no qual se forma um batalhão, o instante em que o corpo está menos apto à resistência e mais vulnerável para ser aniquilado. Resistir-se-á melhor em meio a uma desordem absoluta do que em meio a um momento de fermentação, no qual cada um se ocupa de seu posto e não do perigo. Se nesse tempo de crise sobrevier uma guerra, uma fome, uma sedição, o Estado será inevitavelmente derrubado.

Não que não haja muitos governos estabelecidos durante tais tormentas, mas, neste caso, são esses próprios governos que destroem o Estado. Os usurpadores suscitam ou elegem sempre esses tempos de turbulências para lograr ditar, graças à apreensão pública, leis destrutivas que o povo jamais adotaria com sangue frio. A escolha do momento da instituição é um dos caracteres mais seguros pelos quais se pode distinguir a obra do legislador daquela do tirano.

Qual o povo, então, apto a receber a legislação? Aquele que se achando já ligado por algum vínculo de origem, de interesse ou de convenção, ainda não suportou o verdadeiro jugo das leis; aquele que não possui nem costumes nem superstições bem arraigadas; aquele que não teme ser arrasado por uma invasão súbita, que, sem se envolver nas escaramuças de seus vizinhos, é capaz de resistir, sozinho, a cada um deles ou se amparar de um para repelir o outro; aquele do qual cada membro pode ser conhecido de todos e no qual não se está, de maneira alguma, forçado de sobrecarregar um homem com um fardo maior do que aquele que um homem pode suportar; aquele que pode passar sem os outros povos e sem o qual todos os outros povos podem passar;[14]

---

14. Se de dois povos vizinhos um não pudesse se passar sem outro, seria uma situação duríssima para o primeiro e perigosíssima para o segundo. Toda nação sábia, em tal caso, esforçar-se-á bem depressa em livrar a outra dessa dependência. A República de Thlascala,

aquele que não é nem rico nem pobre e que se basta a si mesmo; enfim, aquele que reúne a consistência de um povo antigo com a docilidade de um povo jovem. O que dificulta a obra da legislação é menos o que é preciso estabelecer do que o que é preciso destruir; e o que torna o êxito tão raro é a impossibilidade de descobrir a simplicidade da natureza unida às necessidades da sociedade. Todas essas condições, é verdade, dificilmente se encontram reunidas. Eis, também, por que se veem poucos Estados bem constituídos.

Há ainda na Europa um país apto à legislação: é a ilha de Córsega. O valor e perseverança com as quais esse bravo povo soube recuperar e defender sua liberdade bem mereceriam que algum homem sábio lhe ensinasse a conservá-la. Tenho algum pressentimento de que algum dia essa pequena ilha surpreenderá a Europa.

DOS SISTEMAS LEGISLATIVOS

Capítulo XI
Dos diversos sistemas de legislação

Se indagarmos em que consiste precisamente o maior bem entre todos, o qual deve ser o fim de todo sistema de legislação, descobriremos que ele se reduz a estes dois objetos principais: a *liberdade* e a *igualdade* – a liberdade porque toda dependência particular corresponde a outro tanto de força subtraída do corpo do Estado; a igualdade porque a liberdade não pode subsistir sem ela.

Já mencionei o que é a liberdade civil; quanto à igualdade, não se deve entender por essa palavra que os graus de poder e de riqueza sejam absolutamente os mesmos, mas que, no que toca ao poder, este esteja abaixo de toda violência e que não se exerça jamais senão em virtude do posto e das leis; e, no que tange à riqueza, que nenhum cidadão seja tão opulento a ponto de poder comprar outro e nenhum tão pobre a ponto

---

encravada no Império do México, preferiu ficar sem sal a comprá-lo dos mexicanos ou até mesmo aceitá-lo gratuitamente. Os sábios thlascalanos perceberam a armadilha oculta sob essa generosidade. Permaneceram livres, e esse pequeno Estado, encerrado nesse grande Império, foi, finalmente, o instrumento da ruína deste.

de se achar forçado a se vender, o que supõe, da parte dos grandes, moderação de bens e de crédito, e da parte dos pequenos, moderação da avareza e da cupidez.[15] Essa igualdade – dizem – é uma quimera da especulação cuja existência é, na prática, impossível. Mas se o abuso é inevitável, segue-se que não é mister, ao menos, regulamentá-lo? É precisamente porque a força das coisas sempre tende a destruir a igualdade que a força da legislação deve sempre tender a preservá-la.

Mas esses objetivos gerais de toda boa instituição devem ser modificados em cada país pelas relações que se originam tanto da situação local quanto do caráter dos habitantes, e é com fundamento nessas relações que é preciso atribuir a cada povo um sistema particular de legislação que seja o melhor, talvez não em si mesmo, mas para o Estado ao qual se destina. Se, por exemplo, o solo é ingrato e estéril ou o país muito acanhado para os habitantes, voltai-vos para a indústria e as artes, trocando seus produtos pelas mercadorias que vos faltam. Se, ao contrário, ocupais ricas planícies e colinas férteis em uma boa terra e faltam habitantes, concentrai todos os vossos cuidados à agricultura que multiplica os homens e expulsai as artes que acabarão por despovoar o país agrupando em alguns pontos do território os poucos habitantes que possui.[16] Ocupais praias vastas e cômodas? Cobri o mar de navios, cultivai o comércio e a navegação; tereis uma existência radiante e efêmera. O mar banha nas vossas costas somente rochedos quase inacessíveis? Permanecei bárbaros e ictiófagos; vivereis mais tranquilos, talvez melhor, e seguramente mais felizes. Em uma palavra, além das máximas comuns a todos, cada povo encerra em si alguma coisa que o conduz de uma maneira particular e torna sua legislação peculiar a ele somente. Assim, outrora os hebreus e recentemente os árabes tiveram como meta principal a religião, os atenienses as letras, Cartago e Tiro o comércio, Rodes a marinha, Esparta a guerra e Roma a virtude.

---

15. Desejais então conferir consistência ao Estado? Aproximai os graus extremos o máximo possível; não tolerai nem os opulentos nem os mendigos. Estes dois estados, naturalmente inseparáveis, são igualmente funestos ao bem comum; de um emergem os fautores da tirania e do outro, os tiranos; é sempre entre eles que se efetua o tráfico da liberdade pública: um a compra e o outro a vende.

16. *Qualquer ramo do comércio exterior*, diz o Marquês d'Argenson, *apenas difunde por um reino em geral uma falsa utilidade; pode enriquecer alguns particulares, até algumas cidades, mas a nação inteira nada ganha com isso e o povo, também, não fica melhor.*

O autor de *Do Espírito das Leis* mostrou com numerosos exemplos por que meio o legislador dirige a instituição para cada uma dessas metas.

O que torna a constituição de um Estado verdadeiramente sólida e durável é que sejam as conveniências observadas de tal modo que as relações naturais e as leis permaneçam sempre em harmonia a respeito dos mesmos pontos, e que estas últimas se limitem, por assim dizer, a assegurar, acompanhar e retificar aquelas. Mas, se o legislador, equivocando-se em seu objetivo, tomar um princípio diferente daquele que nasce da natureza das coisas, tendendo um à servidão e o outro à liberdade, um às riquezas, o outro à população, um à paz e o outro às conquistas, ver-se-á as leis se debilitando insensivelmente, a constituição se alterando, e o Estado será sacudido incessantemente até ser destruído ou transformado e a invencível natureza retomar seu império.

Capítulo xii
Divisão das leis

Para ordenar o todo ou conferir a melhor forma possível à coisa pública, há diversas relações a serem consideradas. Primeiramente, a ação de todo o corpo atuando sobre si mesmo, isto é, a relação do todo com o todo, ou do Soberano com o Estado, e essa relação é constituída e composta por vários termos intermediários, como veremos adiante.

As leis que regulamentam essa relação levam o nome de *leis políticas*, também sendo chamadas de *leis fundamentais*, não sem alguma razão se essas leis forem sábias, pois se há em cada Estado somente uma maneira boa de ordená-lo, o povo que a descobriu deve a ela se ater; mas se a ordem estabelecida é má, por que tomar por fundamentais leis que o impedem de ser bom? Ademais, em qualquer situação, um povo é sempre senhor no que tange a mudar suas leis, mesmo as melhores, pois se lhe agradar fazer o mal a si próprio, quem terá o direito de tolhê-lo?

A segunda relação é a dos membros entre si ou com o corpo inteiro e essa relação deve ser, no primeiro caso, tão pequena e, no segundo, tão grande quanto possível, de sorte que cada cidadão goze de uma perfeita independência de todos os outros e de uma excessiva dependência da cidade – o que se faz sempre pelos mesmos meios, já que só existe a força do Estado para produzir a liberdade de seus membros. É dessa segunda relação que nascem as *leis civis*.

Pode-se considerar um terceiro tipo de relação entre o homem e a lei, a da desobediência à pena, a qual dá ensejo ao estabelecimento das *leis penais*, que no fundo são menos uma espécie particular de leis do que a sanção de todas as outras.

A essas três espécies de leis se junta uma quarta, a mais importante de todas, que não se grava nem no mármore nem no bronze, mas no coração dos cidadãos, que produz a verdadeira constituição do Estado, que assume todos os dias novas forças, que – quando as outras leis envelhecem e se extinguem, as reanima ou as supre, conserva um povo no espírito de sua instituição e substitui insensivelmente a força do hábito pela da autoridade. Refiro-me aos modos, costumes e, sobretudo, à opinião – essa parte desconhecida por nossos políticos, mas da qual depende o sucesso de todas as outras, parte da qual se ocupa em segredo o grande legislador enquanto parece se restringir a regulamentos particulares que são tão só o arco da abóbada, da qual os costumes, cujo nascimento é mais lento, formam, por fim, o fundamento inabalável.

Entre essas diversas classes, as leis políticas, as quais constituem a forma de governo, são as únicas que se relacionam com meu assunto.

LIVRO III

Antes de abordar as diversas formas de governo,
esforcemo-nos para determinar o sentido preciso dessa palavra,
o qual ainda não foi devidamente explicado.

DA TEORIA DO GOVERNO

CAPÍTULO I
Do governo em geral

Advirto o leitor que este Capítulo deve ser lido pausadamente e que desconheço a arte de ser claro para quem não deseja estar atento.

Toda ação livre possui duas causas que concorrem para sua produção: uma *moral*, a *vontade* que determina o ato, e a outra *física*, o *poder* que a executa. Quando caminho rumo a um objeto, é preciso, primeiramente, que eu queira ir até ele e, em segundo lugar, que meus pés me levem até ele. Queira um paralítico correr ou que não o queira um homem ágil, os dois permanecerão no mesmo lugar. O corpo político possui os mesmos móveis; nele se distinguem, inclusive, a força e a vontade, esta sob o nome de *poder legislativo* e aquela sob o de *poder executivo*. Sem o concurso de ambos, nele nada se faz ou nada se deve fazer.

Vimos que o poder legislativo pertence ao povo e só pode a ele pertencer. É fácil de perceber, ao contrário, com base nos princípios estabelecidos anteriormente, que o poder executivo não pode pertencer à generalidade como legisladora ou soberana visto esse poder consistir somente em atos particulares que não são, de modo algum, da alçada da lei nem, consequentemente, da alçada do Soberano, cuja totalidade dos atos só pode consistir em leis.

Faz-se mister, portanto, à força pública um agente próprio que a congregue e a ponha em prática segundo as diretrizes da vontade geral, que sirva à comunicação entre o Estado e o Soberano, que faça de alguma forma na pessoa pública o que no homem faz a união da alma e o corpo. Eis qual é, no Estado, a razão do governo, confundida, a propósito, inadequadamente com o Soberano, do qual não é senão o ministro. O que é, então, o governo? Um corpo intermediário estabelecido entre os súditos e o Soberano para sua mútua correspondência, encarregado da execução das leis e da manutenção da liberdade tanto civil quanto política.

Os membros desse corpo são denominados magistrados ou *reis*, isto é, *governantes* e o corpo inteiro leva o nome de *príncipe*.[17] Assim, aqueles que sustentam que o ato pelo qual um povo se submete aos chefes não é, em absoluto, um contrato, estão cobertos de razão. Trata-se apenas de uma comissão, um emprego no qual, na qualidade de simples funcionários do Soberano, exercem o poder em seu nome do qual ele os fez depositários, podendo restringi-lo, modificar e retomar, quando lhe aprouver, a alienação de um tal direito sendo incompatível com a natureza do corpo social e contrária ao propósito da associação.

Chamo, portanto, de *governo* ou administração suprema o exercício legítimo do poder executivo e de Príncipe ou magistrado o homem ou o corpo encarregado dessa administração.

É no governo que se encontram as forças intermediárias, cujas relações compõem a relação do todo com o todo ou entre o Soberano e o Estado. É possível representar essa última relação por aquela dos extremos de uma proporção contínua, na qual a média proporcional é o governo. O governo recebe do Soberano ordens que dá ao povo e para que o Estado goze de bom equilíbrio, é necessário, estando tudo compensado, que haja igualdade entre o produto ou poder do governo tomado em si mesmo e o produto ou o poder dos cidadãos que são soberanos de um lado e súditos do outro.

Ademais, não se poderia alterar qualquer um dos três termos sem romper instantaneamente a proporção. Se o Soberano deseja governar, ou se o magistrado deseja produzir leis, ou se os súditos se recusam a obedecer, a desordem sucede à regra, a força e a vontade não atuam mais concordantemente e o Estado, dissolvido, cai assim no despotismo ou na anarquia. Enfim, visto não haver senão uma média proporcional entre cada relação, não há, tampouco, senão um bom governo possível em um Estado. Porém, como inúmeros acontecimentos podem mudar as

---

17. Assim, em Veneza, dá-se o nome de *Príncipe Sereníssimo* ao Colégio, até mesmo quando o doge a ele não assiste.

relações de um povo, não só diferentes governos podem ser bons para diversos povos como também para o mesmo povo em tempos diferentes.

No esforço de dar uma ideia das diversas relações que podem dominar entre esses dois extremos, tomarei a título de exemplo o número do povo, como uma relação mais fácil de ser expressa. Suponhamos que o Estado seja composto de dez mil cidadãos. O Soberano só pode ser considerado coletivamente e corpo. Entretanto, cada particular na qualidade de súdito é considerado indivíduo. Assim, o Soberano está para o súdito na proporção de dez mil para um, ou seja, cada membro do Estado possui por sua parte apenas a décima milésima parte da autoridade soberana, ainda que esteja a ela submetido inteiramente. Que o povo fosse composto de cem mil homens e não alteraria a situação dos súditos, cada um suportando igualmente todo o império das leis, enquanto seu sufrágio, reduzido a um centésimo de milésimo, terá dez vezes menos influência na redação delas. Permanecendo sempre um, assim, o súdito, a relação do Soberano aumenta em razão do número dos cidadãos, do que se infere que, quanto mais cresce o Estado, mais diminui a liberdade.

Quando digo que a relação aumenta, entendo que ela se distancia da igualdade. Assim, quanto maior for a relação na acepção dos geômetras, menos haverá relação na acepção comum; na primeira, a relação considerada, segundo a quantidade, se mede pelo expoente e na segunda, considerada segundo a identidade, é estimada pela similitude.

Ora, quanto menos as vontades particulares se relacionam com a vontade geral, isto é, os costumes às leis, mais deve aumentar a força de repressão, do que se segue que o governo, para ser bom, deve ser relativamente mais forte à medida que o povo é mais numeroso.

Por outro lado, o crescimento do Estado, fornecendo aos depositários da autoridade pública mais tentações e meios para abuso de seu poder, quanto mais força deverá ter o governo para conter o povo, mais força deverá ter o Soberano, por sua vez, para conter o governo. Não me refiro aqui a uma força absoluta, mas à força relativa das diversas partes do Estado.

Dessa dupla relação se conclui que a proporção contínua entre o Soberano, o Príncipe e o povo não é, de modo algum, uma ideia arbitrária, mas uma consequência necessária da natureza do corpo político. Conclui-se ainda que um dos extremos, a saber, o povo como súdito, sendo fixo e representado pela unidade, todas as vezes que a razão dupla aumentar ou diminuir, a razão simples aumentará ou diminuirá de maneira semelhante, e, alterando-se, por consequência, o meio-termo, o que nos leva a ver que não há uma constituição de governo única e absoluta, mas que é possível haver tantos governos diferentes no que tange à natureza quantos Estados diferentes no que tange às dimensões. Se, ridicularizando esse sistema, se dissesse que, para encontrar essa média proporcional e formar o corpo do governo, bastaria, de acordo comigo, extrair a raiz quadrada do número dos componentes do povo, eu responderia que não tomo aqui esse número senão à guisa de exemplo, que as relações às quais me refiro não são medidas somente pelo número de indivíduos, mas em geral, pela quantidade de ação, a qual se combina por múltiplas causas; que, de resto, se para me exprimir com menos palavras tomo emprestado, por um momento, termos da geometria, não ignoro, contudo, que a precisão geométrica não se aplica às quantidades morais.

O governo é em ponto pequeno aquilo que o corpo político, que o encerra, é em ponto grande. É uma pessoa moral dotada de certas faculdades, ativa como o Soberano, passiva como o Estado e que se pode decompor em outras relações semelhantes, de onde se origina, consequentemente, uma nova proporção e desta, ainda outra, de acordo com a ordem dos tribunais, até que se atinja um termo médio indivisível, isto é, um só chefe ou magistrado supremo, que se possa representar no meio dessa progressão, como a unidade entre a série das frações e a dos números.

Sem nos embaraçarmos nessa multiplicação de termos, contentemo--nos em considerar o governo como um novo corpo dentro do Estado, distinto do povo e do Soberano e intermediário entre um e outro.

Há essa diferença essencial entre esses dois corpos, nomeadamente, que o Estado existe por si mesmo e que o governo só existe em função do Soberano. Assim, a vontade dominante do Príncipe não é ou não deve ser senão a vontade geral ou a lei, sua força sendo apenas a força pública nele concentrada: desde que queira extrair de si mesmo qualquer ato absoluto e independente, a ligação do todo principia a afrouxar. Se ocorresse, por fim, que o Príncipe tivesse uma vontade particular mais ativa do que a do Soberano, e que usasse visando a obedecer a essa vontade particular da força pública em suas mãos, de modo que tivéssemos, por assim dizer, dois Soberanos, um de direito e outro de fato, de imediato a união social se desvaneceria e o corpo político seria dissolvido.

Entretanto, para que o corpo do governo tenha uma existência, uma vida real que o distinga do corpo do Estado, para que todos os seus membros possam agir em concerto e atender ao fim pelo qual é instituído, é-lhe mister um *eu* particular, uma sensibilidade comum aos seus membros, uma força, uma vontade própria que propenda para sua conservação. Essa existência particular supõe assembleias, conselhos, um poder deliberativo e de resolução, direitos, títulos, privilégios que pertencem, exclusivamente, ao Príncipe e que tornam a condição do magistrado mais honrosa à medida que é mais penosa. As dificuldades residem na maneira de ordenar, no todo, esse todo subalterno, de sorte que não altere, de modo algum, a constituição geral ao firmar a sua, que distinga sempre sua força particular destinada à sua própria conservação da força pública destinada à conservação do Estado e que, em uma palavra, esteja sempre pronto a sacrificar o governo ao povo e não o povo ao governo.

Ademais, ainda que o corpo artificial do governo seja a obra de outro corpo artificial e que não possua, de certa forma, senão uma vida emprestada e subordinada, isso não o impede de poder atuar com maior ou menor vigor ou celeridade, gozar, por assim dizer, de uma saúde mais ou menos robusta. Enfim, sem se afastar diretamente da meta de sua instituição, poderá dela se distanciar mais ou menos, conforme a maneira como foi constituído.

É de todas essas diferenças que se originam as relações diversas que o governo deve entreter com o corpo do Estado, segundo as relações acidentais e particulares pelas quais esse mesmo Estado é modificado, pois, amiúde, o governo melhor em si se tornará o mais vicioso se suas relações não forem alteradas segundo os defeitos do corpo político ao qual pertence.

Capítulo ii
Do princípio que constitui as diversas formas de governo

Para expor a causa geral dessas diferenças, faz-se necessário distinguir aqui entre o Príncipe e o governo, do modo como distingui anteriormente o Estado e o Soberano.

O corpo do magistrado pode ser composto de um número maior ou menor de membros. Dissemos que a relação do Soberano com os súditos era tanto maior quanto mais numeroso fosse o povo e por uma evidente analogia podemos dizer o mesmo do governo em relação aos magistrados.

Ora, a força total do governo, sendo sempre aquela do Estado, não varia, de modo algum, do que se segue que, quanto mais utiliza essa força sobre seus próprios membros, menos lhe restará dela para agir sobre todo o povo. Por conseguinte, quanto mais numerosos os magistrados, mais fraco o governo. Posto que essa máxima é fundamental, empenhemo-nos em esclarecê-la melhor.

Podemos distinguir na pessoa do magistrado três vontades essencialmente diferentes. Em primeiro lugar, a vontade própria do indivíduo, a qual só tende para sua vantagem particular; em segundo lugar, a vontade comum dos magistrados, que se relaciona unicamente com a vantagem do Príncipe e que podemos chamar de vontade do corpo, a qual é geral em relação ao governo e particular em relação ao Estado, do qual o governo faz parte; em terceiro lugar, a vontade do povo ou a vontade soberana, a qual é geral tanto em relação ao Estado considerado como o todo, quanto em relação ao governo considerado como parte do todo.

Dentro de uma legislação perfeita, a vontade particular ou individual deve ser nula, a vontade do corpo própria ao governo, muito subordinada e, consequentemente, a vontade geral ou soberana sempre dominante e a regra única de todas as outras.

Em conformidade com a ordem natural, ao contrário, essas diferentes vontades se tornam mais ativas à medida que se concentram. Assim, a vontade geral é sempre a mais fraca, a vontade do corpo ocupa o segundo posto e a vontade particular o primeiro de todos, de forma que, no governo, cada membro é primeiramente ele mesmo, depois magistrado e depois cidadão, gradação que é diretamente oposta àquela que exige a ordem social.

Isso posto, que todo o governo esteja entre as mãos de um único homem. Eis, então, a vontade particular e a vontade do corpo perfeitamente reunidas e, consequentemente, esta última no mais elevado grau de intensidade que pode ter. Ora, como é do grau da vontade que depende o uso da força, e que a força absoluta do governo não varie de modo algum, segue-se que o governo mais ativo entre todos é o de um só.

Associemos, ao contrário, o governo à autoridade legislativa. Façamos do Soberano o Príncipe e de todos os cidadãos o mesmo número de magistrados. Então a vontade do corpo, confundida com a vontade geral, não terá mais atividade do que esta e deixará a vontade particular na plenitude de sua força. Assim, o governo, sempre com a mesma força absoluta, estará no seu *minimum* de força relativa ou de atividade.

Essas relações são incontestáveis e há outras considerações que servem ainda para confirmá-las. Nota-se, por exemplo, que cada magistrado é mais ativo no seu corpo do que cada cidadão no seu e que, por conseguinte, a vontade particular exerce muito mais influência nos atos do governo do que nos do Soberano, visto que cada magistrado está quase sempre encarregado de alguma função do governo enquanto cada cidadão, tomado à parte, não detém qualquer função de soberania. Além disso, quanto mais o Estado se expande, mais aumenta a força real, ainda que não aumente em razão de sua extensão; porém, o Estado permanecendo o mesmo, aos magistrados interessa se multiplicarem, com o que o governo não adquire uma força maior porque essa força é a do Estado, cuja medida é sempre igual. Assim, a força relativa ou a atividade do governo diminui sem que sua força absoluta ou real possa aumentar.

É certo, ainda, que o despacho dos negócios se torna mais lento na medida em que está dele encarregado um número maior de pessoas; que se, conferindo demasiado à prudência, não se confere o suficiente à fortuna; que se deixe escapar a ocasião e que à força de deliberar se perca com frequência o fruto da deliberação.

Acabo de provar que o governo se debilita à medida que os magistrados se multiplicam e provei anteriormente que, quanto mais numeroso é o povo, mais deverá a força repressora aumentar, do que se segue que a relação dos magistrados com o governo deve ser o inverso da relação dos súditos com o Soberano, ou seja, quanto mais o Estado cresce, mais deverá o governo se contrair, de tal forma que o número de chefes diminui em virtude do aumento do povo.

De resto, limito-me aqui a falar da força relativa do governo e não de sua retidão, pois, ao contrário, quanto mais numeroso for o corpo de magistrados, mais a vontade do corpo se aproximará da vontade geral, enquanto, sob um só magistrado, essa mesma vontade do corpo não é, como eu o disse, senão uma vontade particular. Assim, perde-se de um lado o que se pode ganhar de outro e a arte do legislador é saber determinar o ponto no qual a força e a vontade do governo, sempre em proporção recíproca, se combinam na relação mais proveitosa ao Estado.

DAS DIFERENTES FORMAS DE GOVERNO

Capítulo iii
Divisão dos governos

Vimos no Capítulo anterior por que se distinguem as diversas espécies ou formas de governo pela quantidade de membros que as compõe. Resta averiguar neste como se realiza tal divisão.

O Soberano pode, em primeiro lugar, confiar o governo a todo o povo ou à maior parte do povo, de maneira que haja mais cidadãos-magistrados que simples cidadãos particulares. Dá-se a essa forma de governo o nome de *democracia*.

Pode o Soberano também confinar o governo entre as mãos de um pequeno número [de membros], de sorte que haja mais simples cidadãos que magistrados, e essa forma leva o nome de *aristocracia*.

Finalmente, ele pode concentrar todo o governo nas mãos de um único magistrado, do qual todos os outros recebem seu poder. Essa terceira forma é a mais comum e se chama *monarquia* ou governo real.

Cumpre observar que todas essas formas ou, ao menos, as duas primeiras são suscetíveis de ampliações ou restrições, possuindo, inclusive, latitude bastante grande, pois a democracia pode abarcar todo o povo ou se restringir à metade. A aristocracia, por sua vez, pode da metade do povo se restringir ao mais modesto número de modo indeterminado. A própria realeza é passível de alguma partilha. Esparta teve ininterruptamente dois reis de acordo com sua constituição e observamos no Império romano até oito imperadores simultâneos, sem que se pudesse afirmar que o Império estivesse dividido. Assim, há um ponto em que cada forma de governo se confunde com a seguinte e se percebe que, sob três únicas denominações, o governo é realmente suscetível de tantas formas diversas quantos cidadãos possui o Estado.

E que se adicione: esse mesmo governo podendo, em certos aspectos, subdividir-se em outras partes, uma administrada de uma maneira e a outra, de outra, é possível que resulte dessas três formas combinadas uma multiplicidade de formas mistas, cada uma das quais é multiplicável por todas as formas simples.

Em todos os tempos se discutiu muito sobre a melhor forma de governo sem se considerar que cada uma delas é a melhor em certos casos, e a pior em outros.

Se nos diferentes Estados o número de magistrados supremos deve ser na razão inversa do número dos cidadãos, segue-se que, em geral, o governo democrático convém aos Estados pequenos, o aristocrático aos médios e o monárquico aos grandes. Trata-se de regra imediatamente deduzível do princípio, mas como computar a multidão de circunstâncias que podem gerar exceções?

Capítulo IV
Da democracia

Aquele que produz a lei sabe melhor que ninguém como deverá ela ser aplicada e interpretada. Parece, então, que não poderia haver melhor constituição do que aquela em que o poder executivo estivesse associado ao legislativo. Mas é precisamente isso que torna o governo insuficiente em determinados aspectos, porque as coisas que devem ser distinguidas não o são, porque o Príncipe e o Soberano, não sendo senão a mesma pessoa, formam, por assim dizer, tão só um governo sem governo.

Não é bom que aquele que produz as leis as ponha em execução, nem que o corpo do povo desvie sua atenção dos pontos de vista gerais para fixá-la em objetivos particulares. Nada é mais perigoso que a influência dos interesses privados nos negócios públicos e o abuso das leis por parte do governo constitui um mal menor que a corrupção do legislador, resultado inevitável das posições particulares. E então, estando o Estado alterado na sua substância, toda reforma se torna impossível.

Um povo que jamais abusasse do governo, tampouco abusaria da independência; um povo que governasse sempre bem, não teria necessidade de ser governado.

Se tomarmos o termo sob o rigor da acepção, jamais existiu democracia verdadeira e não existirá jamais. É contra a ordem natural a maioria governar e a minoria ser governada. É inimaginável que o povo permaneça continuamente em assembleia para lidar com os negócios públicos e se percebe, sem dificuldade, que não se poderia para isso estabelecer comissões sem que a forma de administração fosse mudada.

Acho, com efeito, que posso formular em princípio que, quando as funções do governo são repartidas entre vários tribunais, os menos numerosos adquirem cedo ou tarde a maior autoridade, quando mais não fosse apenas pela facilidade de expedir os assuntos que lhes são encaminhados naturalmente.

Ademais, quantas coisas difíceis de serem reunidas supõe esse governo? Primeiramente, um Estado muito pequeno no qual a reunião do povo seja fácil e no qual cada cidadão possa sem dificuldade conhecer todos os outros; em segundo lugar, uma grande simplicidade de costumes que previne o acúmulo de casos e as discussões espinhosas; em seguida, muita igualdade entre as classes e as fortunas, sem o que a igualdade não poderia subsistir por muito tempo nos direitos e na autoridade; enfim, pouco ou nenhum luxo, pois ou o luxo é a consequência das riquezas ou ele as torna necessárias – corrompe simultaneamente o rico e o pobre, o primeiro devido à posse, o segundo devido à cobiça; entrega a pátria à frouxidão e à vaidade; subtrai do Estado todos os cidadãos para submeter uns aos outros e todos à opinião.

Eis por que um autor célebre indicou a virtude como princípio para a República, já que todas essas condições não poderiam subsistir sem a virtude. Mas por não ter feito as distinções necessárias, a esse grande gênio faltou amiúde justeza e, por vezes, clareza, e ele não percebeu que, sendo a autoridade soberana em todas as partes a mesma, o mesmo princípio deve vigorar em todo Estado bem constituído, mais ou menos, é verdade, segundo a forma do governo.

Ajuntemos que não há governo tão sujeito às guerras civis e às agitações intestinas quanto o democrático ou popular porque não há outro que tenda tão intensa e continuamente a mudar de feição e que exija mais vigilância e coragem para ser conservado na sua forma original. É, sobretudo, nessa constituição que o cidadão deve se armar de força e constância e dizer, a cada dia de sua vida, do fundo de seu coração, o que dizia um virtuoso palatino[18] na dieta de Polônia: *Malo periculosam libertatem quam quietum servitium.* Se houvesse um povo de deuses, estes se governariam democraticamente. Um governo tão perfeito não convém aos homens.

CAPÍTULO V
Da aristocracia

Temos aqui duas pessoas morais bastante distintas, o governo e o Soberano e, via de consequência, duas vontades gerais, uma em relação a todos os cidadãos, a outra somente para os membros da administração. Assim, embora o governo possa regulamentar sua polícia interna como lhe agrade, jamais pode se dirigir ao povo senão em nome do Soberano, ou seja, em nome do próprio povo, o que não deve nunca ser olvidado.

As primeiras sociedades se governaram aristocraticamente. Os chefes das famílias deliberavam entre si sobre os assuntos públicos. Os jovens cediam sem dificuldade à autoridade da experiência. Daí os nomes de *padres, anciãos, senado, gerontes.* Os selvagens da América setentrional ainda se governam assim na atualidade e são muito bem governados.

Mas à medida que a desigualdade da instituição se sobrepôs à desigualdade natural, a riqueza ou o poder[19] preteriu a idade e a aristocracia se tornou eletiva. Por fim, o poder transmitido com os bens dos pais aos filhos, tornando as famílias patrícias, transformou o governo em hereditário, e surgiram senadores com 20 anos.

Há, portanto, três espécies de aristocracia: natural, eletiva e hereditária. A primeira só convém aos povos simples; a terceira é o pior de todos os governos. A segunda é o melhor governo: é a aristocracia propriamente dita.

Além da vantagem da distinção dos dois poderes, ela apresenta a vantagem da escolha de seus membros, pois, se no governo popular

---

18. O palatino de Posnânia, pai do rei da Polônia, duque da Lorena.
19. Está claro que a palavra *optimates* junto aos antigos não significa os melhores, mas os mais poderosos.

82

todos os cidadãos já nascem magistrados, neste eles são limitados a um pequeno número e não se tornam tal senão por eleição,[20] meio pelo qual a probidade, o esclarecimento, a experiência e todos os outros motivos de preferência e estima pública se constituem novas garantias de um sábio governo.

Ademais, as assembleias se realizam mais comodamente, os negócios são mais bem discutidos, são expedidos com mais ordem e diligência, o crédito do Estado é mais bem consolidado no estrangeiro mediante senadores veneráveis do que por uma multidão desconhecida ou desprezada.

Em uma palavra, constitui a ordem melhor e mais natural que os mais sábios governem a multidão quando se está seguro de que a governarão visando ao seu proveito e não ao deles; não se deve, de maneira alguma, multiplicar, em vão, os recursos, nem fazer com vinte mil homens o que cem homens escolhidos podem realizar ainda melhor. Mas é preciso observar que o interesse do corpo passa a dirigir menos, neste caso, a força pública – com base na regra da vontade geral – e que outro pendor inevitável subtrai das leis uma parte do poder executivo.

No tocante às conveniências particulares, não há necessidade nem de um Estado tão pequeno nem de um povo tão simples e tão reto para que a execução das leis suceda imediatamente à vontade pública, como em uma boa democracia. Não é necessário, tampouco, uma nação tão grande a ponto de os chefes, distribuídos para governá-la, poder cada um em seu departamento se fazer passar pelo Soberano e principiar a se tornar independentes para, por fim, se converterem em senhores.

Mas se a aristocracia requer algumas virtudes a menos que o governo popular, também requer outras que lhes são próprias, como a moderação entre os ricos e o contentamento entre os pobres, pois parece que uma igualdade rigorosa nela estaria fora de lugar: esta não foi observada nem sequer em Esparta.

Quanto ao mais, se essa forma comporta certa desigualdade de fortuna é porque, em geral, a administração dos negócios públicos se acha confiada àqueles que podem lhe dedicar todo o seu tempo, mas não,

---

20. É de grande importância regulamentar através de leis a forma de eleição dos magistrados, visto que se for deixada a critério da vontade do Príncipe não é possível evitar cair-se na aristocracia hereditária, como ocorreu com as Repúblicas de Veneza e de Berna. Assim, a primeira é, há muito, um Estado dissolvido e a segunda só se mantém, no entanto, graças à extrema sabedoria de seu senado: trata-se de uma exceção bastante respeitável e bastante perigosa.

como quer Aristóteles, para que os ricos sejam sempre preferidos. Ao contrário, convém que uma escolha oposta ensine, por vezes, ao povo que há no mérito dos homens motivos de preferência mais importantes do que a riqueza.

CAPÍTULO VI
Da monarquia

Até este ponto consideramos o Príncipe uma pessoa moral e coletiva, unida pela força das leis e depositária no Estado do poder executivo. Iremos agora considerar esse poder reunido nas mãos de uma pessoa natural, de um homem real, o único que tem o direito de dispor dele segundo as leis. É o que chamamos de um monarca ou um rei.

Inteiramente contrário às outras administrações, nas quais um ser coletivo representa um indivíduo, nesta um indivíduo representa um ser coletivo, de sorte que a unidade moral que constitui o Príncipe é, ao mesmo tempo, uma unidade física, em que todas as faculdades reunidas pela lei no outro mediante tanto esforço se encontram naturalmente reunidas.

Assim, a vontade do povo, a vontade do Príncipe, a força pública do Estado e a força particular do governo respondem todas a móvel idêntico, todas as engrenagens da máquina se acham nas mesmas mãos, tudo ruma para o mesmo objetivo, não há movimentos opostos que se anulam mutuamente e não é possível imaginar espécie alguma de constituição na qual um menor esforço produza uma ação mais considerável. Arquimedes, sentado tranquilamente à beira do rio e fazendo, sem esforço, uma grande nau navegar, representa para mim um monarca hábil governando de seu gabinete seus vastos Estados e fazendo tudo se mover, ainda que parecendo imóvel.

Contudo, se não há governo que possua mais vigor, não há, de modo algum, outro no qual a vontade particular disponha de mais império e domine mais facilmente as outras; é verdade que tudo caminha para a mesma meta, mas essa meta não é a da felicidade pública e a própria força da administração se volta incessantemente contra o Estado.

Os reis querem ser absolutos e de longe se lhes grita que o melhor meio de o ser é se fazerem amados por seus povos. Essa máxima é muito

84

bela e, até mesmo, bastante verdadeira, em certos aspectos. Infelizmente, entretanto, sempre será objeto de mofa nas cortes. O poder oriundo do amor dos povos é, indubitavelmente, o maior dos poderes, porém é precário e condicional e jamais os príncipes se contentarão com ele. Os melhores reis desejam poder ser maus se agradar, sem deixar de ser os senhores. Um pregador político seguramente lhes diria que, sendo a força do povo a deles, seu maior interesse é que o povo seja florescente, numeroso, temível: eles sabem muito bem que isso não é verdadeiro. Seu interesse pessoal é, primeiramente, que o povo seja fraco, miserável e que não lhes possa jamais oferecer resistência. Creio que, na suposição dos súditos sempre perfeitamente submetidos, o interesse do Príncipe seria, então, que o povo fosse poderoso, a fim de que esse poder, sendo o seu, o tornasse temível aos seus vizinhos; mas, como esse interesse é apenas secundário e subordinado, e as duas suposições são incompatíveis, é natural que os Príncipes deem sempre preferência à máxima que lhes é o mais imediatamente útil. É o que Samuel expôs incisivamente aos hebreus; é o que Maquiavel fez ver com evidência. Simulando dar lições aos reis, ele as deu, grandes, aos povos. *O Príncipe* de Maquiavel é o livro dos republicanos.[21]

Pelas relações gerais descobrimos que a monarquia somente convém aos grandes Estados e, ao investigá-la em si mesma, chegamos à mesma conclusão. Quanto mais a administração pública é numerosa, mais a relação do Príncipe com os súditos diminui e se aproxima da igualdade, de sorte que essa relação ou é una, ou é a própria igualdade da democracia. Essa mesma relação aumenta à medida que o governo se contrai e se acha no seu *maximum* quando o governo está nas mãos de um só. Neste caso, há uma distância muito grande entre o Príncipe e o povo e falta coesão ao Estado. Sua formação exige, então, ordens intermediárias: são precisos os príncipes, os grandes da nobreza para as preencher. Ora, nada disso convém a um pequeno Estado, o qual seria arruinado por todos esses estágios.

---

21. Maquiavel era um homem honesto e um bom cidadão, mas, ligado à casa dos Médicis, foi forçado durante a opressão de sua pátria a disfarçar seu amor pela liberdade. A escolha de seu execrável herói, por si só, manifesta suficientemente seu intento secreto, e a oposição existente entre as máximas contidas em *O Príncipe* e aquelas de seus *Discursos sobre as Décadas de Tito Lívio* e da *História Florentina,* demonstra que esse político profundo só teve até aqui leitores superficiais ou corrompidos. A corte de Roma proibiu severamente o seu livro; creio firmemente que é ela que ele pinta com maior clareza.

Mas se é difícil ser um grande Estado bem governado, é ainda mais que o seja por um só homem, e todos sabem o que ocorre quando o rei indica para si substitutos.

Um defeito essencial e inevitável que coloca sempre o governo monárquico abaixo do republicano é que, neste último, o voto público quase sempre guinda aos primeiros cargos homens esclarecidos e capazes que deles se incumbem honradamente, enquanto os que surgem nas monarquias não passam, no mais das vezes, de pequenos trapalhões, de pequenos patifes, de pequenos intrigantes, cujos pequenos talentos, que os fazem nas cortes ascender aos grandes postos, servem apenas para exibir ao público a inépcia deles tão logo alcançam esses postos. O povo se engana bem menos no que tange a essa escolha do que o Príncipe e um homem de mérito autêntico é quase tão raro no ministério quanto um tolo comandando um governo republicano.

Assim, quando por qualquer feliz acaso, um desses homens nascidos para governar assume o timão dos negócios em uma monarquia prestes a soçobrar graças a essa chusma de *belos* administradores, fica-se surpreso com os recursos que encontra e isso causa sensação em um país.

Para que um Estado monárquico pudesse ser bem governado seria necessário que seu tamanho ou sua extensão fossem medidos pelas faculdades de quem governa. É mais fácil conquistar do que reger. Mediante uma alavanca adequada, com um dedo se pode sacudir o mundo, mas, para o sustentar, são necessários os ombros de Hércules. Por menor que seja um Estado, o Príncipe é quase sempre demasiado pequeno. Quando, ao contrário, ocorre que o Estado é muito pequeno para seu chefe, o que é bastante esporádico, ainda, neste caso, será mal governado, porque o chefe, atendendo sempre à largueza de suas vistas, esquece os interesses dos povos e não os torna menos desventurados por abuso dos talentos de que dispõe em demasia do que um chefe limitado pela ausência daqueles que lhe faltam. Preciso seria, por assim dizer, que um reino se expandisse ou se contraísse a cada reinado conforme a capacidade do Príncipe, enquanto, com os talentos de um senado, tendo padrões mais fixos, o Estado pode ter limites constantes e a administração não ir menos bem.

O inconveniente mais palpável do governo de um só é o defeito dessa sucessão contínua que forma nos dois outros uma conexão ininterrupta. Morto um rei, torna-se necessário um outro; as eleições permitem intervalos perigosos, são tempestuosas e, a menos que os cidadãos sejam de um desinteresse, de uma integridade que esse governo não comporta, a intriga e a corrupção a isso se adicionam. É difícil que aquele ao qual o Estado se vendeu não o venda, por sua vez, e não se indenize à custa dos fracos com o dinheiro que lhes extorquiram os poderosos. Cedo ou tarde tudo se torna venal sob uma semelhante administração e a paz que se frui então sob os reis é pior que a desordem dos interregnos.

O que se fez para prevenir tais males? Em certas famílias, as coroas foram tornadas hereditárias e se estabeleceu uma ordem de sucessão que previne qualquer disputa por ocasião da morte dos reis, ou seja, que substituindo o inconveniente das regências ao das eleições se preferiu uma aparente tranquilidade a uma administração prudente e que mais se apreciou o risco de ter por chefes crianças, monstros ou imbecis, do que discutir a questão da escolha de bons reis; não foi levado em consideração que se expondo assim aos riscos da alternativa põe-se quase todas as possibilidades contra si. Plenas de senso foram as palavras do jovem Dionísio, a quem o pai, ao lhe censurar uma ação vergonhosa, dizia: "Não te dei o exemplo disso?", "Ah!", respondeu o filho, "Vosso pai não era rei!".

Tudo concorre a privar de justiça e de razão um homem guindado a comandar os outros. É dito ser muito difícil ensinar a arte de reinar aos jovens; não parece que essa educação lhes traga proveito. Melhor seria começar por lhes ensinar a arte de obedecer. Os maiores reis que se celebrizaram na história não foram, em absoluto, educados para reinar; trata-se de uma ciência de que só se dispõe de pouco após ter dela aprendido muito e que se adquire mais obedecendo do que comandando. *Nam utilissimus idem ac brevissimus bonarum malarumque rerum delectus cogitare quid aut nolueris sub alio Principe aut volueris.*[22]

Uma consequência dessa falha de coerência é a inconstância do governo dos reis que, regulando-se neste momento em um plano, naquele em outro, segundo o caráter do príncipe que reina ou das pessoas que reinam para ele, não pode ter por muito tempo um objetivo fixo nem uma conduta consequente, variação que leva o Estado sempre a saltar

---

22. Tácito, *Hist.* L. I.

de uma máxima para outra, de um projeto para outro e que não ocorre nos outros governos nos quais o príncipe é sempre o mesmo. E também vê-se, em geral, que se há mais astúcia em uma corte, há mais sabedoria em um senado e as repúblicas atingem suas metas por vias mais constantes e mais bem seguidas, enquanto cada revolução no ministério produz outra no Estado; a máxima comum a todos os ministros e quase a todos os reis sendo a de tomar em todas as coisas a posição contrária àquela de seu predecessor.

Dessa mesma incoerência se extrai ainda a solução de um sofisma bastante familiar aos políticos reais; é não apenas comparar o governo civil ao governo doméstico e o príncipe ao pai de família, erro já refutado, como também conferir liberalmente a esse magistrado todas as virtudes de que terá necessidade e supor sempre que o príncipe é tal qual deverá ser, suposição graças à qual a realeza se revela evidentemente preferível a qualquer outra forma de governo porque é incontestavelmente a mais forte, e que, por ser, assim, a melhor, não carece senão de uma vontade de corpo mais em conformidade com a vontade geral.

Mas se, segundo Platão,[23] o rei por natureza é um personagem tão raro, quantas vezes a natureza e a sorte concorrerão para coroá-lo? E se a educação para a realeza corrompe necessariamente os que a recebem, que se deverá esperar de uma sucessão de homens que se destinam a reinar? É, portanto, pecar pelo exagero confundir o governo real com aquele de um bom rei. Para ver o que é esse governo em si mesmo é necessário examiná-lo sob os príncipes tacanhos ou maus, pois chegarão tais como são ao trono ou o trono os fará tais.

Essas dificuldades não escaparam aos nossos autores, mas estes, de modo algum, se embaraçaram com elas. O remédio é – segundo dizem – obedecer sem murmúrios. Na sua ira, Deus concede os reis e é mister suportá-los como castigos do céu. Trata-se, sem dúvida, de discurso edificante, mas não sei se seria mais conveniente em um púlpito do que em um livro de política. O que dizer de um médico que promete milagres e cuja arte se resume em exortar o enfermo à paciência? É bem sabido que é preciso suportar um mau governo enquanto o temos; a questão consiste em encontrar um bom.

---

23. No *Civili.*

Capítulo VII
Dos governos mistos

Não há, a rigor, governo simples. É forçoso que um chefe único conte com magistrados subalternos; é forçoso que um governo popular conte com um chefe. Assim, na divisão do poder executivo há sempre gradação do grande número ao pequeno, com a diferença de que, por vezes, o grande número depende do pequeno, por vezes o pequeno depende do grande.

Às vezes se efetiva uma divisão igual, seja quando as partes constitutivas se acham em mútua dependência, como no governo da Inglaterra, seja quando a autoridade de cada parte é independente, porém imperfeita, como na Polônia. Esta última forma é ruim pois não existe unidade alguma dentro do governo e o Estado carece de coesão.

Qual será o melhor – um governo simples ou um misto? Questão polêmica entre os teóricos da política e à qual se deve dar a mesma resposta que foi dada anteriormente com respeito a toda forma de governo.

O governo simples é o melhor em si pelo único motivo de ser simples. Mas quando o poder executivo não depende o bastante do legislativo, isto é, quando há mais relação entre o Príncipe e o Soberano do que entre o povo e o Príncipe, é necessário remediar essa falha de proporção pela divisão do governo, já que agora todas as suas partes não têm menos autoridade sobre os súditos e sua divisão as torna, todas juntas, menos fortes contra o Soberano.

Previne-se, ainda, inconveniente idêntico estabelecendo-se magistrados intermediários, os quais, deixando o governo na sua integridade, servem somente para equilibrar os dois poderes e preservar seus direitos respectivos. Neste caso, o governo não é misto, mas temperado.

Pode-se remediar via meios semelhantes ao inconveniente oposto, e quando o governo é demasiado frouxo, erigir tribunais visando a concentrá-lo. Isso é praticado em todas as democracias. No primeiro caso, divide-se o governo para enfraquecê-lo e, no segundo, para reforçá-lo, posto que o *maximum* de força e de fraqueza se encontram igualmente nos governos simples, enquanto as formas mistas produzem uma força média.

DO GOVERNO E DO PAÍS

CAPÍTULO VIII
Que toda forma de governo não é apropriada a todo país

Não sendo a liberdade um fruto de todos os climas, não está ao alcance de todos os países. Quanto mais se medita sobre esse princípio estabelecido por Montesquieu, mais se sente sua verdade; quanto mais é contestado, mais se lhe oferecem ocasiões de ser estabelecido mediante novas provas.

Em todos os governos do mundo, a pessoa pública consome e nada produz. De onde lhe vem, então, a substância consumida? Do labor de seus membros. É o supérfluo dos particulares que produz o necessário do público. Do que se conclui que o estado civil só pode subsistir na medida em que o trabalho dos homens renda além de suas necessidades.

Ora, esse excedente não é o mesmo em todos os países do mundo. Em vários é considerável, em outros, medíocre, em outros, nulo, em outros, negativo. Essa relação depende da fertilidade propiciada pelo clima, do tipo de trabalho que a terra exige, da natureza de seus produtos, da força de seus habitantes, do maior ou menor consumo que lhe é necessário e de várias outras relações semelhantes de que é composto.

Por outro lado, todos os governos não participam de idêntica natureza; há alguns mais vorazes, outros menos, e as diferenças se fundam neste outro princípio: quanto mais as contribuições públicas se distanciam de sua fonte, mais são onerosas. Não é em função da quantidade dos tributos que se deve mensurar esse ônus, mas em função do caminho que têm de fazer para retornar às mãos de onde saíram; quando esta circulação é ágil e bem estabelecida, que se pague pouco ou muito, não importa, o povo é sempre rico e as finanças vão sempre bem. Ao contrário, qualquer *pouco* dado pelo povo que não lhe volta às mãos de modo algum, dando o povo sempre, levá-lo-á ao esgotamento; o Estado jamais é rico e o povo é sempre miserável.

Disso se deduz que, quanto mais aumenta a distância entre o povo e o governo, mais os tributos se tornam onerosos. Assim, na democracia, o povo é menos sobrecarregado, na aristocracia ele o é mais e na monarquia arca com o maior ônus. A monarquia, portanto, só convém às nações opulentas, a aristocracia aos Estados de riqueza e tamanho medianos e a democracia aos Estados pequenos e pobres.

Com efeito, quanto mais se reflete sobre isso, mais se descobre nisso diferenças entre os Estados livres e os monárquicos; nos primeiros, tudo se emprega visando à utilidade comum; nos outros, as forças públicas e particulares são recíprocas, uma aumentando pelo enfraquecimento da outra. Enfim, em lugar de governar os súditos para os tornar felizes, o despotismo os torna miseráveis para governá-los.

Eis aí, pois, em cada clima as causas naturais com base nas quais se pode indicar a forma de governo a que conduz a força do clima e dizer, até mesmo, que espécie de habitantes deve ter. Os lugares ingratos e estéreis, onde os produtos não valem o suor do trabalho, devem permanecer incultos e desérticos, ou somente povoados por selvagens. Os lugares onde o trabalho humano rende apenas o necessário devem ser habitados por povos bárbaros, sendo aqui toda *Constituição* impossível. Os lugares onde o excesso dos produtos do trabalho é medíocre convêm aos povos livres; aqueles onde a terra, abundante e fértil, produz muitos produtos mediante pouco trabalho querem ser governados monarquicamente para que o fausto do Príncipe consuma o excesso de supérfluo dos súditos, pois é preferível que esse excesso seja absorvido pelo governo a ser dissipado pelos particulares. Estou ciente de que há exceções, mas elas próprias confirmam a regra no sentido de que cedo ou tarde provocam revoluções que fazem retornar as coisas à ordem natural.

Distingamos sempre as leis gerais das causas particulares capazes de lhes modificar o efeito. Mesmo que todo o sul estivesse coberto de repúblicas e todo o norte de Estados despóticos, não seria menos verdadeiro que, por efeito do clima, o despotismo convém aos países quentes, a barbárie aos países frios e a boa constituição política às regiões intermediárias. Não ignoro, ainda, que, caso se concorde com o princípio, poder-se-á polemizar a respeito da aplicação. Poder-se-á dizer que há países frios muito férteis e países meridionais bastante ingratos. Tal dificuldade existirá, entretanto, somente para quem não examina a coisa em todas as suas relações. É preciso, como afirmei, considerar as relações dos trabalhos, das forças, do consumo etc.

Suponhamos que, de duas terras iguais, uma renda 5 e a outra, 10. Se os habitantes da primeira consomem quatro e os da última, nove, o excesso do primeiro produto será 1/5 e o do segundo 1/10. A relação desses dois excessos sendo então inversa à relação dos produtos, a terra que produzir apenas 5 proporcionará um supérfluo correspondente ao dobro do produto da terra que produz 10.

Mas não se trata de uma produção em dobro e não creio que alguém ousará colocar, em geral, a fertilidade dos países frios em igualdade com aquela dos países quentes. Todavia, suponhamos essa igualdade; comparemos, caso se o deseje, a Inglaterra com a Sicília e a Polônia com o Egito. Mais ao sul teremos a África e as Índias, mais ao norte não teremos mais nada. Para uma tal igualdade de produto, qual a diferença na cultura? Na Sicília basta arranhar a terra; na Inglaterra, quantos cuidados para lavrá-la! Ora, ali onde são necessários mais braços para produzir a mesma coisa, o supérfluo deverá ser necessariamente menor. Considerai, além disso, que a mesma quantidade de homens consome muito menos nos países quentes. O clima aí requer ser-se sóbrio para se sentir bem: os europeus que aí querem viver como na Europa morrem todos de disenteria e de indigestão. *Somos*, diz Chardin, *animais carniceiros, lobos se comparados com os asiáticos. Alguns atribuem a sobriedade dos persas ao fato de seu país ser menos cultivado, mas eu acredito, ao contrário, que seu país é menos copioso em víveres porque deles se necessita menos para os habitantes. Se a frugalidade deles,* prossegue, *fosse um efeito da penúria do país, só haveria pobres comendo pouco, enquanto são todos, e se comeria mais ou menos em cada província segundo a fertilidade da região, sendo que se constata a mesma sobriedade em todo reino. Vangloriam-se bastante de seu modo de vida, dizendo que basta lhes olhar a tez para reconhecer quanto é melhor que a dos cristãos. De fato, a tez dos persas é uniforme: eles têm uma pele bela, fina e brilhante, enquanto a tez dos armênios, seus súditos que vivem à moda europeia, é grosseira, avermelhada e seus corpos gordos e pesados.*

Quanto mais se aproximam do equador, mais vivem os povos de pouco. Quase não comem carnes. Seus alimentos ordinários são o arroz, o milho, o cuscuz, o sorgo e a farinha de mandioca. Há nas Índias milhões de indivíduos cuja alimentação não custa um ceitil por dia. Vemos na própria Europa diferenças sensíveis no que toca ao apetite entre os povos do norte e os do sul. Um espanhol viverá oito dias com o jantar de um alemão. Nos países em que os homens são mais vorazes, o luxo se volta também para os artigos de consumo. Na Inglaterra, é exibido por uma mesa repleta de carnes; na Itália vos regalam com açúcar e flores.

O luxo no vestir oferece, ainda, diferenças similares. Nos climas nos quais as mudanças das estações são abruptas e violentas, dispõe-se de roupas melhores e mais simples; naqueles em que o único fito de se vestir é o adorno, busca-se mais brilho do que utilidade, sendo o próprio vestuário um luxo. Em Nápoles vereis cotidianamente passearem pelo Posilipo homens de jaqueta dourada e sem meias. Coisa idêntica ocorre com as construções; tudo se concede à magnificência quando nada há de se temer dos rigores da atmosfera. Em Paris e em Londres deseja-se morar quente e comodamente. Em Madri existem salões soberbos mas nenhuma janela que feche e se dorme em ninhos de ratos.

Os alimentos são muitos mais substanciosos e suculentos nas regiões quentes; trata-se de uma terceira diferença que não pode deixar de influir sobre a segunda. Por que se comem tantos legumes na Itália? Porque lá eles são bons, nutritivos e de excelente paladar. Na França, onde são cultivados somente à base de água não são nutritivos e quase nada valem quando vêm à mesa. Não ocupam, todavia, menos terreno e não requerem menos labor para o cultivo. É experiência comprovada que os cereais da Barbária, ainda que inferiores aos da França, rendem muito mais farinha e os da França, por sua vez, rendem mais do que os cereais do norte, do que se pode inferir que uma graduação similar é observada geralmente na mesma direção do equador ao polo. Ora, não constitui visível desvantagem se extrair de um produto igual menor quantidade de alimento?

A todas essas diferentes considerações posso acrescer outra que delas decorre e que as reforça. É que os países ou regiões quentes têm menos necessidade de habitantes que os países ou regiões frios e poderiam alimentá-los mais, daí resultando em um duplo supérfluo sempre favorável ao despotismo. Quanto mais um número idêntico de habitantes ocupa uma vasta superfície, mais se tornam difíceis as revoltas, pois não é possível fazer combinações nem com presteza, nem secretamente, sendo sempre fácil para o governo descobrir os projetos e cortar as comunicações: mas quanto mais um povo numeroso se reúne, menos o governo pode usurpar o Soberano; os chefes deliberam tão seguramente nos seus aposentos quanto o príncipe com seu conselho e a multidão se reúne tão rapidamente nas praças quanto as tropas nos quartéis. A vantagem de um governo tirânico é, portanto, esta de poder atuar a grandes distâncias. Mediante a ajuda de pontos de apoio que se dá, sua força aumenta ao longe como aquela das alavancas.[24] A força

---

24. Isto não contradiz o que eu disse anteriormente no Livro II, Capítulo IX, sobre os inconvenientes dos grandes Estados, pois se tratava ali da autoridade do governo sobre os seus

do povo, ao contrário, só atua se concentrada, evapora-se e se perde ao se estender, como o efeito da pólvora esparsa sobre a terra e que se limita a pegar fogo apenas grão a grão. Os países menos povoados são, assim, os mais apropriados à tirania: as bestas ferozes só reinam nos desertos.

CAPÍTULO IX
Sinais de um bom governo

Quando, então, indaga-se, em termos absolutos, qual é o melhor governo, formula-se uma questão tanto insolúvel quanto indeterminada ou, se se prefere, conta com tantas boas soluções quantas combinações possíveis existem nas posições absolutas e relativas dos povos.

Mas se indagássemos por que sinal se pode saber que um dado povo é bem ou mal governado, seria outra coisa, e a questão de fato poderia ser resolvida.

Contudo, não é, de modo algum, resolvida porque cada um quer resolvê-la à sua maneira. Os súditos enaltecem a tranquilidade pública, os cidadãos a liberdade dos particulares; um prefere a segurança das posses e o outro, a das pessoas; um deseja que o melhor governo seja o mais severo, o outro sustenta que é o mais suave; este quer que os crimes sejam punidos e aquele que sejam prevenidos; um acha conveniente sermos temidos pelos vizinhos, o outro que sejamos ignorados; um fica satisfeito quando há circulação do dinheiro, o outro exige que o povo tenha pão. Se chegássemos a um acordo quanto a esses pontos e outros semelhantes, teríamos avançado? As quantidades morais carecem de medida precisa. Uma vez de acordo quanto ao critério, como estar de acordo quanto à avaliação?

De minha parte, causa-me sempre espanto que não se reconheça um sinal tão simples ou que alimentem a má-fé de não concordarem acerca dele. Qual é o fim da associação política? É a conservação e a prosperidade de seus membros. E qual é o sinal mais seguro de sua

---

membros e se trata aqui de sua força contra os súditos. Seus membros esparsos lhe servem de ponto de apoio para agir de longe sobre o povo, mas não dispõe de um ponto de apoio para agir diretamente sobre os seus próprios membros. Assim, em um caso, o comprimento da alavanca produz a fraqueza e, no outro, a força.

conservação e prosperidade? É seu número e sua população. Não ide, portanto, buscar alhures esse sinal tão controverso. Todas as coisas sendo iguais, o governo sob o qual, sem meios estranhos, sem naturalizações, sem colônias, os cidadãos mais povoam e mais se multiplicam é, infalivelmente, o melhor; aquele sob o qual um povo decresce e perece é o pior. Calculadores, agora a tarefa cabe a vós: contai, medi e comparai.[25]

O ANTAGONISMO ENTRE O GOVERNO E O SOBERANO

CAPÍTULO X
Do abuso do governo e de seu pendor à degeneração

Como a vontade particular atua continuamente contra a vontade geral, o governo exerce um esforço incessante contra a soberania. Quanto mais aumenta esse esforço, mais se altera a constituição, e como não

---

25. Deve-se julgar com base no mesmo princípio os séculos que merecem a confiança pela prosperidade do gênero humano. Muito temos admirado aqueles nos quais vimos florescer as letras e as artes sem penetrar no objeto secreto de sua cultura, sem considerar o seu efeito funesto, *idque apud imperitos humanitas vocabatur, cum pars servitutis esset*. Não veremos nunca nas máximas dos livros o interesse grosseiro que motiva o falar dos autores? Não, a despeito do que possam dizer, quando, malgrado o seu brilho, um país se despovoa, não é verdade que tudo vá bem e não basta que um poeta ganhe cem mil libras de renda para que o seu século seja o melhor de todos. É mister levar em conta menos o repouso aparente e a tranquilidade dos chefes que o bem-estar das nações inteiras e, sobretudo, dos Estados mais numerosos. O granizo devasta alguns cantões, mas raramente produz a miséria. As insurreições, as guerras civis assustam bastante os chefes, mas não produzem as verdadeiras desditas dos povos, que podem, até mesmo, experimentar uma folga enquanto se disputa quanto a quem os tiranizará. É de seu estado permanente que nascem suas prosperidades ou suas calamidades efetivas; quando tudo fica esmagado sob o jugo, é então que tudo perece; é então que os chefes os destroem à vontade, *ubi solitudinem faciunt, pacem appellant*. Quando os artifícios dos grandes agitavam o reino de França e o coadjutor de Paris ia ao Parlamento com um punhal no bolso, isso não impedia que o povo francês vivesse feliz e numeroso em uma abundância honesta e livre. Outrora, a Grécia floresceu no seio das guerras mais cruéis; o sangue aí fluía aos borbotões e todo o território estava repleto de homens. Parecia, diz Maquiavel, que em meio ao morticínio, às proscrições, às guerras civis, nossa república se tornou mais poderosa; a virtude de seus cidadãos, seus costumes, sua independência, tiveram mais efeito para reforçá-la que todas essas dissenções o tiveram para debilitá-la. Um pouco de agitação proporciona mais vigor às almas e o que faz verdadeiramente prosperar a espécie é menos a paz que a liberdade.

há aqui, de modo algum, outra vontade do corpo que resistindo àquela do Príncipe se equilibre com ela, deverá ocorrer cedo ou tarde que o Príncipe oprima, por fim, o Soberano e rompa o tratado social. Eis o vício inerente e inevitável que desde o nascimento do corpo político tende, ininterruptamente, a destruí-lo, do mesmo modo que a velhice e a morte destroem o corpo humano.

Há duas vias gerais pelas quais um governo degenera: quando ele se contrai ou quando o Estado se dissolve.

O governo se contrai quando passa do grande para o pequeno número, isto é, da democracia para a aristocracia e da aristocracia para a realeza. É esta sua inclinação natural.[26] Se retrocedesse do pequeno

---

26. A formação lenta e o progresso da República de Veneza através de suas lagunas oferecem um exemplo notável dessa sucessão; e é bastante surpreendente que, depois de mais de mil e duzentos anos, parecem os venezianos estar ainda apenas no segundo termo, o que começou no *Serrar di Consiglio,* em 1198. Quanto aos antigos duques, por mais que se censurem, independentemente do que possa deles dizer o *Squitinio della Libertà Veneta,* está provado que não foram seus soberanos.

Não se deixará de me contestar com a República romana que seguiu – dirão – um progresso inteiramente contrário, passando da monarquia à aristocracia e da aristocracia à democracia. Estou bem longe de pensar assim.

O primeiro estabelecimento de Rômulo foi um governo misto que degenerou rapidamente em despotismo. Por razões particulares, o Estado pereceu prematuramente, como assistimos morrer um recém-nascido antes de atingir a idade de um homem. A expulsão dos Tarquínios foi a verdadeira época do nascimento da República. Mas esta não assumiu, inicialmente, uma forma estável porque não se fez senão a metade da obra ao não se abolir o patriciado; ficando dessa maneira a aristocracia hereditária, que é a pior das administrações legítimas, em conflito com a democracia, a forma do governo sempre incerta e flutuante, que só foi fixada, como provou Maquiavel, no estabelecimento dos tribunos. Só então houve um verdadeiro governo e uma verdadeira democracia. Com efeito, o povo, então, não apenas era soberano como também magistrado e juiz, o senado não passando de um tribunal subordinado para moderar ou concentrar o governo, e os próprios cônsules, ainda que patrícios, ainda que primeiros magistrados, ainda que generais absolutos na guerra, em Roma não passavam de presidentes do povo.

Viu-se, desde então, o governo assumir seu pendor natural e tender fortemente para a aristocracia. O patriciado, abolindo como que por si mesmo a aristocracia, não se encontrava mais no corpo dos patrícios como ocorre em Veneza e em Gênova, mas dentro do corpo do senado composto de patrícios e de plebeus, mesmo dentro do corpo dos tribunos quando estes começaram a usurpar um poder ativo, pois as palavras nenhuma influência têm sobre as coisas, e quando o povo tem chefes que governam para ele, seja qual for o nome que ostentam esses chefes, trata-se sempre de uma aristocracia.

Do abuso da aristocracia nasceram as guerras civis e o triunvirato. Sila, Júlio César e Augusto se tornaram, de fato, verdadeiros monarcas e, enfim, sob o despotismo de Tibério, o Estado foi dissolvido. A história romana, portanto, não desmente meu princípio – ela o confirma.

para o grande número, poder-se-ia dizer que ele se afrouxa, mas esse movimento inverso é impossível.

Com efeito, jamais o governo muda de forma a não ser que seu mecanismo já gasto o deixe debilitado demais para poder conservar sua forma. Ora, se ele ainda se relaxasse ao se estender, sua força se tornaria completamente nula e ele subsistiria ainda menos. É preciso, portanto, tensionar e contrair o mecanismo à medida que cede, caso contrário o Estado que sustenta tombaria arruinado. O caso da dissolução do Estado pode acontecer de duas maneiras. Primeiramente, quando o Príncipe não administra mais o Estado segundo as leis e usurpa o poder soberano. Produz-se, então, uma transformação notável: não o governo, mas o Estado se contrai; quero dizer que o grande Estado se dissolve e que se forma outro dentro do primeiro, composto somente dos membros do governo, o qual, em relação ao resto do povo, não passa de senhor e tirano; de sorte que, no instante em que o governo usurpa a soberania, o pacto social é rompido e todos os simples cidadãos, reassumidos de direito na sua liberdade natural, são forçados mas não obrigados a obedecer.

O mesmo caso sucede também quando os membros do governo usurpam separadamente o poder que só devem exercer como corpo, o que não é uma pequena infração às leis e produz uma desordem ainda maior. Agora, tem-se, por assim dizer, tantos Príncipes quanto magistrados e o Estado, não menos fragmentado que o governo, perece ou muda de forma.

Quando o Estado se dissolve, o abuso do governo, qualquer que seja, toma o nome comum de *anarquia*. Distintamente, a democracia degenera em *oclocracia*, a aristocracia em *oligarquia*; a isso acrescerei que a realeza degenera em *tirania*, mas essa última palavra é equívoca e exige explicação.

Na acepção do vulgo, um tirano é um rei que governa com violência e sem ter em consideração a justiça e as leis. Na acepção precisa, o tirano é um particular que se arroga a autoridade real sem a ela ter direito. É assim que os gregos entendiam a palavra *tirano*. Atribuíam-na indiferentemente aos bons e aos maus Príncipes cuja autoridade não era legítima.[27] Desse modo, *tirano* e *usurpador* são duas palavras perfeitamente sinônimas.

---

27. *Omnes enim et habentur et dicuntur Tyranni qui potestate utuntur perpetua, in ea Civitate quæ libertate usa est.* Cornélio Nepos *in Miltiad.* É verdade que Aristóteles, *Ética a Nicômaco,*

A fim de dar diferentes nomes a coisas diferentes chamo de *tirano* o usurpador da autoridade do rei e de *déspota* o usurpador do poder soberano. O tirano é aquele que se insurge contra as leis para governar segundo as leis; o déspota é aquele que se coloca acima das próprias leis. Assim, o tirano pode não ser um déspota, mas o déspota é sempre tirano.

CAPÍTULO XI
Da morte do corpo político

Tal é a tendência natural e inevitável dos governos, mesmo dos mais bem constituídos. Se Esparta e Roma pereceram, qual o Estado que poderia esperar perdurar para sempre? Se quisermos formar uma instituição duradoura, não sonhemos em absoluto, portanto, em torná-la eterna. Para lograr o êxito, não é necessário tentar o impossível, nem se iludir de dar à obra dos homens uma solidez que as coisas humanas não comportam.

O corpo político, assim como o corpo humano, já começa a morrer ao nascer e traz em si mesmo as causas de sua destruição. Mas tanto um quanto o outro pode ter uma constituição mais ou menos robusta e capaz de conservá-los durante um tempo mais ou menos longo. A constituição do corpo humano é obra da natureza, a do Estado é obra da arte. Não depende dos homens prolongar a própria vida, porém depende deles prolongar a do Estado o máximo possível, dando-lhe a melhor constituição que possa ter. O mais bem constituído acabará, porém, mais tarde do que o outro se nenhum acidente imprevisto acarretar sua perda antes do tempo.

O princípio da vida política reside na autoridade soberana. O poder legislativo é o coração do Estado, o poder executivo, seu cérebro, o qual transmite movimento a todas as partes. O cérebro pode cair vitimado pela paralisia que o indivíduo ainda viverá. Um homem permanece

---

Livro VIII, c. X, distingue o tirano do rei no sentido de que o primeiro governa visando à sua própria vantagem e o segundo a favor da vantagem de seus súditos, mas além de todos os autores gregos em geral terem tomado a palavra tirano em outro sentido, como se constata, sobretudo, pelo *Hieron* de Xenofonte, concluir-se-ia da definição de Aristóteles que desde o começo do mundo não existiu ainda um único rei.

imbecil e vive, mas no momento em que o coração deixa de funcionar, o animal morrerá. Não é, de modo algum, através das leis que o Estado subsiste, é através do poder legislativo. A lei de ontem não obriga hoje, mas o consentimento tácito é presumido do silêncio e se presume que o Soberano confirma continuamente as leis que, podendo, não ab-rogou. Tudo o que uma vez declarou desejar, ele o deseja sempre a menos que o revogue. Por que, então, alimentamos tanto respeito pelas antigas leis? Precisamente por serem antigas. Deve-se crer que só pode ter sido a excelência das vontades antigas que as faz se conservarem durante tanto tempo; se o Soberano não as tivesse reconhecido como constantemente salutares as teria revogado mil vezes. Eis porque, longe de enfraquecerem, as leis adquirem incessantemente uma força nova em todo Estado bem constituído; o preconceito da antiguidade as torna a cada um mais veneráveis, enquanto em todos os lugares em que as leis enfraquecem ao envelhecerem, isso prova que não há mais poder legislativo e que o Estado não vive mais.

CAPÍTULO XII
Como se mantém a autoridade soberana

Não contando o Soberano com outra força senão o poder legislativo, só age por meio das leis e não sendo as leis senão atos autênticos da vontade geral, o Soberano só poderia agir quando o povo estivesse reunido. O povo reunido, dir-se-á, que quimera! É uma quimera hoje, mas não era há dois mil anos. Mudaram os homens de natureza?

Os limites do possível nas coisas morais são menos estreitos do que pensamos. São nossas fraquezas, nossos vícios, nossos preconceitos que os reduzem. As almas tacanhas não acreditam nos grandes homens: vis escravos sorriem com ar zombeteiro diante da palavra liberdade.

Pelo que foi feito consideremos o que pode ser feito; não me referirei às antigas repúblicas da Grécia, mas a República romana era, parece-me, um grande Estado e a cidade de Roma uma grande cidade. O último censo acusou em Roma quatrocentos mil cidadãos com porte de armas e o último recenseamento do Império mais de quatro milhões de cidadãos sem contar os súditos, os estrangeiros, as mulheres, as crianças e os escravos. Pode-se imaginar a dificuldade de reunir frequentemente o povo imenso dessa capital e de suas imediações. E, todavia, decorriam poucas semanas sem que o povo romano se reunisse, e até mesmo diversas vezes. Não somente exercia os direitos da soberania, como também uma parte daqueles do governo. Cuidava de certos assuntos, julgava certas causas e todo esse povo era na praça pública quase sempre tanto magistrado quanto cidadão.

Remontando aos primeiros tempos das nações, descobrir-se-ia que a maioria dos antigos governos, mesmo monárquicos tais como os dos macedônios e dos francos, tinham conselhos semelhantes. De qualquer modo, este único fato incontestável responde a todas as nossas dificuldades. Parece-me plausível do existente passar ao possível.

CAPÍTULO XIII
Continuação

Não basta que o povo em assembleia tenha, por uma vez, fixado a constituição do Estado transmitindo sanção a um corpo de leis: não basta que tenha instaurado um governo perpétuo ou que, de uma vez por todas, tenha promovido a eleição dos magistrados. Além das assembleias extraordinárias que casos imprevistos podem exigir, é necessário que haja assembleias fixas e periódicas que nada possa suprimir ou prorrogar, de tal modo que, no dia marcado, o povo seja legitimamente convocado pela lei, sem haver necessidade para isso de outra convocação formal.

Mas, além dessas assembleias jurídicas tão só por sua data, toda assembleia popular que não tenha sido convocada pelos magistrados designados para esse propósito e segundo as formas prescritas, deve ser considerada ilegítima e tudo o que nela se deliberar será nulo, isso porque a própria ordem de se reunir em assembleia deve emanar da lei.

Quanto à periodicidade mais ou menos frequente das assembleias legítimas, depende de tantas considerações que não se poderia estabelecer a respeito regras precisas. Somente se pode dizer em geral que, quanto mais força tem o governo, mais deve o Soberano se mostrar com frequência.

Isso, dir-me-ão, pode ser bom para uma única cidade, mas o que fazer quando o Estado compreende várias? Dividir-se-á a autoridade soberana ou dever-se-á concentrá-la em uma só cidade e sujeitar todo o resto? Respondo que não se deve fazer nem uma coisa nem outra. Em primeiro lugar, a autoridade soberana é simples e una, sendo impossível dividi-la sem destruí-la. Em segundo lugar, uma cidade, bem como uma nação, não pode ser legitimamente submetida a outra porque a essência do corpo político reside no consenso entre a obediência e a liberdade e essas palavras, *súdito* e *Soberano,* são correlações idênticas cuja ideia se congrega sob a única palavra *cidadão.*

Respondo ainda que constitui sempre um mal reunir várias urbes em uma *cidade* e que, desejando realizar essa união, não devemos nos gabar de evitar com ela inconvenientes naturais. Não se trata, de modo algum, de objetar o abuso dos grandes Estados àquele que só os quer pequenos, mas como proporcionar aos pequenos Estados força bastante para resistirem aos grandes? Como outrora as cidades gregas resistiram ao grande Rei e como mais recentemente a Holanda e a Suíça resistiram à casa da Áustria.

Entretanto, se não se pode reduzir o Estado a justos limites, resta ainda um recurso: o de não suportar uma capital e estabelecer uma sede do governo se alternando em cada cidade e reunir, também, em turnos, os Estados do país.

Povoai igualmente o território, espalhai por todas as partes direitos idênticos, levai a todos os lugares a abundância e a vida – é assim que o Estado se tornará, ao mesmo tempo, o mais forte e o mais bem governado que seja possível. Lembrai-vos de que os muros das cidades só são edificados com os destroços das casas do campo. A cada palácio que vejo se elevar na capital, creio ver desmoronar em ruínas todo um país.

Capítulo xiv
Continuação

No instante em que o povo é legitimamente reunido em corpo soberano, cessa qualquer jurisdição do governo, o poder executivo é suspenso e a pessoa do último cidadão é tão sagrada e inviolável quanto a do primeiro dos magistrados, porque onde se acha o representado, não há mais representante. A maioria dos tumultos que eclodiram em Roma durante os comícios resultaram da postura de ignorar essa regra. Os cônsules, então, nada mais eram senão os presidentes do povo, os tribunos simples oradores[28] e nada sendo o senado.

Esses intervalos de suspensão nos quais o Príncipe reconhece ou deve reconhecer um superior *atual* serão para ele sempre temíveis e essas assembleias do povo, que são o escudo do corpo político e o freio do governo, têm sido sempre o horror dos chefes – por isso não poupam jamais nem cuidados, nem objeções, nem dificuldades, nem promessas para dissuadir os cidadãos de realizá-las. Quando estes são avaros, covardes, pusilânimes, mais amantes do repouso do que da liberdade, não se opõem por muito tempo aos esforços redobrados do governo; é assim que a força de resistência aumenta incessantemente, a autoridade soberana finalmente desaparece e a maioria das cidades rui e perece prematuramente.

Mas entre a autoridade soberana e o governo arbitrário se introduz, por vezes, um poder intermediário do qual é preciso falar.

Capítulo XV
Dos deputados ou representantes

Desde que o serviço público deixa de ser a atividade principal dos cidadãos e eles prefiram servir com sua bolsa a fazê-lo com sua pessoa, o Estado já se acha próximo de sua ruína. É preciso marchar para o combate? Eles pagam tropas e permanecem em suas casas. É necessário comparecer ao Conselho? Eles nomeiam deputados e permanecem em suas casas. À força de preguiça e de dinheiro, eles contam, enfim, com soldados para submeter a pátria à servidão e com representantes para vendê-la.

É a confusão do comércio e das artes, o ávido interesse do ganho, é a indolência e o amor às comodidades que transformam os serviços pessoais em dinheiro. Cede-se uma parte do lucro para aumentá-lo ao

---

28. Aproximadamente segundo o sentido que se dá a essa palavra no Parlamento da Inglaterra. A semelhança desses empregos teria criado um conflito entre os cônsules e os tribunos, até quando foi suspensa qualquer jurisdição.

próprio bel-prazer. Dai dinheiro e logo tereis correntes. A tal palavra *finança* é uma palavra de escravo; é desconhecida na cidade. Em um Estado verdadeiramente livre, os cidadãos fazem tudo com os seus braços e nada com o dinheiro. Longe de pagar para se isentar de seus deveres, pagarão para cumpri-los eles mesmos. Estou bem longe das ideias comuns, pois considero as corveias menos contrárias à liberdade do que as taxas.

Quanto mais bem constituído for o Estado, mais os negócios públicos sobrepujarão os privados no espírito dos cidadãos. Há, inclusive, muito menos negócios privados porque a soma da felicidade comum proporcionando uma porção mais considerável a cada um dos indivíduos, restará a este menos o que buscar nos seus interesses particulares. Em uma cidade (*polis*) bem conduzida, todos correm às assembleias; sob um mau governo, ninguém deseja dar um passo para se dirigir a elas porque ninguém se interessa pelo que nelas acontece, prevendo-se que lá a vontade geral não prevalecerá e, porque, enfim, os afazeres domésticos tudo absorvem. As boas leis favorecem para que outras melhores sejam feitas, as más conduzem a leis piores. No momento em que alguém disser dos assuntos do Estado "*Que me importa?*", pode-se ter como certo que o Estado está perdido.

O esmorecimento do amor à pátria, a atividade em prol do interesse privado, a imensidão dos Estados, as conquistas, o abuso do governo fizeram imaginar a conduta dos deputados ou representantes do povo nas assembleias da nação. É o que em certos países se ousa chamar de *Terceiro Estado*. Assim, o interesse particular das duas ordens é colocado no primeiro e segundo lugares, o interesse público ficando apenas em terceiro lugar.

A soberania é irrepresentável pela mesma razão porque é inalienável; consiste essencialmente na vontade geral, e a vontade, de modo algum, se representa: é a mesma ou é outra, não há meio-termo. Os deputados do povo não são, portanto, nem podem ser seus representantes, podendo apenas ser seus comissários; nada podem concluir definitivamente. Toda lei que o povo diretamente não ratificou é nula; não é, em absoluto, lei. O povo inglês pensa ser livre – engana-se redondamente: só o é durante a eleição dos membros do Parlamento; uma vez que são eleitos, ele é escravo, ele não é nada. Nos efêmeros momentos de sua liberdade, o uso que dela faz indica que merece perdê-la.

A ideia de representantes é moderna; chegou a nós do governo feudal, desse governo iníquo e absurdo no qual a espécie humana é degradada e no qual o nome de homem cai em desonra. Nas antigas repúblicas e mesmo nas monarquias, jamais o povo teve representantes; não se conhecia tal palavra. É bastante singular que em Roma, onde os tribunos eram tão sagrados, não se tenha sequer imaginado que pudessem usurpar as funções do povo e que em meio a uma multidão tão grande tenham jamais tentado deliberar por conta própria um só plebiscito. Que se julgue, todavia, qual o embaraço que provocava, por vezes, a multidão pelo que sucedeu no tempo dos Gracos, quando uma parte dos cidadãos dava seu sufrágio do alto dos telhados.

Onde o direito e a liberdade são tudo, os inconvenientes nada são. Junto a esse sábio povo tudo era posicionado em sua justa medida: deixava os seus litores fazer aquilo que seus tribunos não teriam ousado fazer; não temia que seus litores quisessem representá-lo.

Para explicar, entretanto, como os tribunos, às vezes, o representavam, basta conceber como o governo representa o Soberano. Não sendo a lei senão a declaração da vontade geral, fica claro que, no Poder Legislativo, o povo não pode ser representado, embora possa e deva ser no Poder Executivo, que não é senão a força aplicada à lei. Isso nos leva a ver, ao examinarmos as coisas cuidadosamente, que pouquíssimas nações possuem leis. De qualquer modo, é certo que os tribunos, não tendo parcela alguma do Poder Executivo, jamais puderam representar o povo romano pelos direitos de seus cargos, mas somente os usurpando do senado.

Entre os gregos, tudo o que o povo tinha a fazer, fazia-o por si mesmo; reunia-se continuamente na praça. Gozava de um clima ameno, não era ávido, os escravos encarregavam-se do trabalho, sua grande ocupação era sua liberdade. Não dispondo mais das mesmas vantagens, como conservar os mesmos direitos? Vossos climas mais rudes vos impõem mais necessidades,[29] por seis meses do ano a praça é um lugar insuportável, vossas línguas mudas não podem se fazer entender ao ar livre, dais preferência ao vosso ganho em desfavor da liberdade e temeis bem menos a escravidão do que a miséria.

O quê? A liberdade só se mantém com o apoio da servidão? Talvez. Os dois excessos se tocam. Tudo o que não está, em absoluto, na natureza tem os seus inconvenientes e a sociedade civil mais do que todo o resto. Há posições infelizes nas quais só se pode conservar a própria

---

29. Adotar nos países frios o luxo e a indolência dos orientais é querer se agrilhoar; é se submeter aos grilhões ainda mais necessariamente do que eles.

liberdade à custa da de outrem e nas quais o cidadão não pode ser perfeitamente livre a não ser que o escravo seja extremamente escravo. Tal era a posição de Esparta. Para vós, povos modernos, não tendes escravos, mas o sois; pagais com a vossa a liberdade deles. Achais certo vos vangloriar dessa preferência; encontro nisso mais covardia do que humanidade.

Não entendo, de modo algum, por tudo isso, que seja necessário possuir escravos nem que o direito à escravidão seja legítimo, já que provei o contrário. Apenas enuncio as razões porque os povos modernos que se creem livres possuem representantes e porque os povos antigos não os possuíam. De uma forma ou outra, no instante em que um povo se dá representantes, não é mais livre, não existe mais.

Tudo bem investigado, não vejo como seja daqui por diante possível ao Soberano conservar entre nós o exercício de seus direitos se a cidade (*polis*) não for muito pequena. Mas se for muito pequena, será subjugada? Não. Farei ver adiante[30] como se pode reunir o poder externo de um grande povo com a polícia fácil de boa ordem de um Estado pequeno.

DA INSTITUIÇÃO DO GOVERNO

Capítulo xvi
Que a instituição do governo não é, de maneira alguma, um contrato

O Poder Legislativo, uma vez bem estabelecido, trata-se de estabelecer do mesmo modo o Poder Executivo, pois este último, que só opera mediante atos particulares, não fazendo parte da essência do outro, é dele naturalmente separado. Se fosse possível que o Soberano, considerado como tal, dispusesse do poder executivo, o direito e o fato seriam de tal modo confundidos que não se saberia mais o que é lei e o que não é, e o corpo político, assim desnaturado, cairia logo presa da violência, contra a qual ele foi instituído.

---

30. É o que me propus a fazer na sequência desta obra quando, ao abordar as relações externas, chegasse às confederações, matéria inteiramente nova e cujos princípios ainda estão por serem estabelecidos.

Sendo todos os cidadãos iguais através do contrato social, o que todos devem fazer, todos o podem prescrever, enquanto ninguém tem o direito de exigir que outrem faça aquilo que ele mesmo não faz. Ora, é propriamente esse direito, indispensável para vivificar e mover o corpo político, que o Soberano concede ao Príncipe ao instituir o governo.

Muitos pretenderam que o ato desse estabelecimento fosse um contrato entre o povo e os chefes que ele se confere: contrato pelo qual se estipulava entre as duas partes as condições sob as quais uma se obrigava a comandar e a outra a obedecer. Que se convenha, estou seguro, que se trata de uma estranha maneira de contratar! Mas vejamos se essa opinião é sustentável.

Primeiramente, a autoridade suprema tanto não pode se alienar quanto se modificar; limitá-la é destruí-la. É absurdo e contraditório que o Soberano se dê um superior; obrigar-se a obedecer a um senhor é se entregar sob plena liberdade.

Ademais, é evidente que esse contrato do povo com tal ou tal pessoa seria um ato particular, do que se segue que esse contrato não poderia ser nem uma lei nem um ato de soberania, e que, consequentemente, seria ilegítimo.

Percebe-se ainda que as partes contratantes estariam entre si sob a única lei da natureza e sem qualquer garantia de seus compromissos recíprocos, o que contraria de toda maneira o estado civil. Aquele que tem a força em suas mãos sendo sempre o senhor da execução, melhor seria concedermos em dar o nome de contrato ao ato de um homem que dissesse a outro: *Eu vos dou tudo o que me pertence desde que me entregueis o que vos agradar.*

No Estado há um só contrato, o da associação; e este, por si só, exclui qualquer outro. Não se poderia imaginar qualquer contrato público que não fosse uma violação do primeiro.

Capítulo XVII
Da instituição do governo

Por que ideia é preciso, então, conceber o ato pelo qual o governo é instituído? Observarei, para começar, que esse ato é complexo ou composto de dois outros, o estabelecimento da lei e a execução da lei.

Pelo primeiro, o Soberano estatui que haverá um corpo de governo estabelecido sob esta ou aquela forma, sendo claro que esse ato é uma lei.

Pelo segundo, o povo nomeia os chefes que serão incumbidos do governo estabelecido. Ora, essa nomeação sendo um ato particular, não é uma segunda lei, mas apenas uma consequência da primeira e uma função do governo.

A dificuldade é entender como se pode ter um ato de governo antes de o governo existir e como o povo, o qual é só Soberano ou súdito, pode se tornar príncipe ou magistrado sob certas condições.

É ainda aqui que se descobre uma daquelas surpreendentes propriedades do corpo político, pelas quais ele compatibiliza operações aparentemente contraditórias, pois aquela de que tratamos se faz por uma conversão súbita da soberania em democracia, de sorte que, sem qualquer mudança sensível, e somente por uma nova relação de todos com todos, os cidadãos tornados magistrados passam dos atos gerais aos atos particulares e da lei à execução.

Essa mudança de relação não constitui, em absoluto, uma sutileza especulativa da qual inexistem exemplos na prática: ocorre todos os dias no Parlamento da Inglaterra, onde a Câmara Baixa em certas ocasiões se transforma em grande comitê para discutir melhor os assuntos, tornando-se assim simples comissão, de corte soberana que era um momento antes; de tal modo que, em seguida, se reporta a si mesma como Câmara dos Comuns o que acaba de regulamentar como grande comitê e delibera, novamente, sob um título, acerca do que já resolvera sob outro título.

Tal é a vantagem característica do governo democrático de poder ser estabelecido de fato por um simples ato da vontade geral, depois do que, esse governo provisório persiste na posse se tal for a forma adotada, ou estabelece em nome do Soberano o governo prescrito pela lei e tudo se acha, assim, dentro da regra. Não é possível instituir o governo por qualquer outra maneira legítima e sem abrir mão dos princípios anteriormente fixados.

Capítulo XVIII
Meio de prevenir as usurpações do governo

Desses esclarecimentos resulta, em confirmação do Capítulo XVI, que o ato que institui o governo não é, de forma alguma, um contrato, mas uma lei, que os depositários do Poder Executivo *não são* os senhores do povo, mas seus funcionários, os quais pode ele designar ou destituir quando lhe agradar, que não se trata para eles de contratar mas de obedecer e que ao se encarregarem das funções que o Estado lhes impõe nada mais fazem do que cumprir seu dever de cidadãos, sem ter, de modo algum, o direito de questionar as condições.

Quando então acontece de o povo instituir um governo hereditário, seja monárquico dentro de uma família, seja aristocrático dentro de uma ordem de cidadãos, *não é* um compromisso que ele assume; trata-se de uma forma provisória que ele atribui à administração até que queira ordenar diferentemente.

Verdade é que todas essas mudanças são sempre perigosas e não convém jamais tocar no governo estabelecido a não ser quando ele se torna incompatível com o bem público; mas esta circunspecção é uma máxima da política e não uma regra de direito, e o Estado não se acha mais constrangido em ceder a autoridade civil aos seus chefes mais do que a autoridade militar aos seus generais.

É ainda verdade que em tal caso não se poderia observar com demasiado zelo todas as formalidades requeridas para distinguir um ato regular e legítimo de um tumulto sedicioso e a vontade de todo um povo dos clamores de uma facção. É aqui, sobretudo, que não se deve dar ao caso odioso exceto o que não se pode lhe recusar em todo o rigor do direito, e é também dessa obrigação que o Príncipe extrai uma grande vantagem para conservar seu poder malgrado o povo, sem que se possa afirmar que o usurpou, já que parecendo estar usando tão só os seus direitos, é para ele facílimo dilatá-los e impedir, sob o pretexto da tranquilidade pública, as assembleias destinadas a restabelecer a boa ordem, de sorte que ele se prevalece de um silêncio cuja ruptura impede ou das irregularidades que faz perpetrar, a fim de supor a seu favor a aprovação daqueles que o temor faz calar e punir os que ousam falar. É assim que os decênviros, tendo sido, inicialmente, eleitos para um ano e, depois, conservados por um ano adicional, tentaram reter perpetuamente seu poder, não permitindo mais a reunião dos comícios. E é por esse fácil meio que todos os governos do mundo, uma vez investidos da força pública, cedo ou tarde, usurpam a autoridade soberana.

As assembleias periódicas de que falei anteriormente são apropriadas para prevenir ou retardar esse infortúnio, principalmente quando não necessitam de convocação formal, pois, nesse caso, o Príncipe não

108

poderia impedi-las sem se declarar abertamente transgressor das leis e inimigo do Estado.

A abertura dessas assembleias, cujo único objeto é a preservação do tratado social, deve sempre se realizar mediante duas proposições que não se pode jamais suprimir e que passam separadamente pelos sufrágios.

A primeira é: *Se apraz ao Soberano conservar a presente forma de governo* e a segunda: *Se apraz ao povo entregar a administração àqueles que dela estão atualmente encarregados.*

Suponho neste ponto aquilo que creio ter demonstrado, que não há no Estado qualquer lei fundamental que não possa ser revogada, nem mesmo o pacto social, pois se todos os cidadãos se reunissem para romper esse pacto de comum acordo, não se poderia pôr em dúvida que não tivesse sido legitimamente rompido. Grócio pensa, até, que cada um pode renunciar ao Estado de que é membro e retomar sua liberdade natural e seus bens saindo do país.[31] Ora, seria absurdo que todos os cidadãos reunidos não pudessem o que pode separadamente cada um deles.

---

31. Que se entenda que não se o deixa para se esquivar ao dever e se omitir a servir à Pátria no momento em que ela de nós tem necessidade. A fuga neste caso seria criminosa e punível – não seria retirada, mas deserção.

LIVRO IV

PERMANÊNCIA DA VONTADE GERAL

Capítulo I
Que a vontade geral é indestrutível

Na medida em que homens reunidos se consideram um só corpo, não têm senão uma vontade que se vincula à conservação comum e ao bem-estar geral. Então todas as molas do Estado são vigorosas e simples, suas máximas são claras e luminosas, inexistem completamente interesses confusos, contraditórios, o bem-comum se mostrando por toda parte com evidência e não exigindo senão o bom senso para ser percebido. A paz, a união, a igualdade são inimigas das sutilezas políticas. Os homens corretos e simples são difíceis de ludibriar devido à sua simplicidade, não os impressionando as astúcias, os pretextos refinados; não são sequer suficientemente perspicazes para serem tolos. Quando se vê entre os povos mais felizes do mundo grupos de camponeses regulamentarem os assuntos do Estado sob um carvalho e se conduzirem sempre sabiamente, pode-se deixar de desdenhar os refinamentos das outras nações que se tornam ilustres e miseráveis graças a tanta arte e mistério?

Um Estado assim governado necessita de pouquíssimas leis e, à medida que se torna necessário promulgar novas leis, essa necessidade é percebida universalmente. O primeiro que as propõe se limita a dizer o que todos já sentiram, e disputas e eloquência são dispensáveis quando se trata de transformar em lei aquilo que cada um já resolveu fazer, uma vez esteja certo que os outros o farão como ele.

O que engana os pensadores é que, vendo apenas Estados mal constituídos desde sua origem, chocam-se com a impossibilidade de neles manter uma semelhante organização política. Riem ao imaginar todas as tolices que um farsante esperto, um discursador insinuante poderia impor ao povo de Paris ou de Londres. Desconhecem que Cromwell teria sido submetido aos *guizos* pelo povo de Berna e o Duque de Beaufort à *disciplina* pelos genebrinos.

Mas quando o laço social começa a se afrouxar e o Estado a se debilitar, quando os interesses particulares principiam a se fazer sentir e as pequenas sociedades a influenciar a grande, o interesse comum se altera e encontra oponentes, a unanimidade não reina mais nos votos, a vontade geral não é mais a vontade de todos, irrompem contradições, debates e o melhor parecer não encontra acolhida sem disputas.

Enfim, quando o Estado próximo à ruína só subsiste através de uma forma ilusória e vã, quando o vínculo social está rompido em todos os corações, quando o mais sórdido interesse se desfila audaciosamente sob o nome sagrado do bem público, então a vontade geral se torna muda, todos, orientados por motivos secretos, já não opinam na qualidade de cidadãos, como se o Estado jamais tivesse existido, e se faz passar falsamente sob o nome de leis os decretos iníquos que não têm outro objetivo senão o interesse particular.

Conclui-se disso que a vontade geral tenha sido aniquilada ou corrompida? Não. Ela é sempre inalterável e imaculada, mas se encontra subordinada a outras que se sobrepõem a ela. Cada um, destacando seu interesse do interesse comum, está ciente de que não pode isolá-lo totalmente, mas sua parte do mal público lhe parece nada ao lado do bem exclusivo do qual pretende se apropriar. Excetuado esse bem particular, ele deseja o bem geral em seu próprio interesse tão intensamente quanto qualquer outro. Até quando vende seu voto por dinheiro não extingue em si a vontade geral, tão só a oculta. A falta que perpetra é alterar a natureza da questão e responde coisa diversa daquilo que se lhe indaga, de sorte que, em lugar de dizer por meio do seu voto: *É vantajoso para o Estado*, diz: *É vantajoso a tal homem ou a tal partido que tal ou tal parecer seja aprovado.* Desse modo, a lei da ordem pública nas assembleias não consiste tanto em nelas manter a vontade geral quanto fazer com que seja sempre consultada e sempre dê uma resposta.

Teria nesta oportunidade muitas reflexões por fazer a respeito do simples direito do voto em todo ato de soberania, direito que ninguém pode subtrair do cidadão, e a respeito do direito de opinar, propor, dividir, discutir, que o governo sempre zela extremamente por reservar aos seus membros. Mas essa importante matéria requereria um tratado à parte e não posso tudo dizer neste.

O FUNCIONAMENTO NORMAL DAS INSTITUIÇÕES

Capítulo II
Dos sufrágios

Vê-se pelo Capítulo precedente que a maneira pela qual se tratam os negócios gerais pode fornecer um indício bastante seguro do estado atual dos costumes e da saúde do corpo político. Quanto mais reinar o consenso nas assembleias, isto é, quanto mais se aproximarem os pareceres da unanimidade, mais a vontade geral será dominante. Entretanto, os longos debates, as dissenções, o tumulto anunciam a ascendência dos interesses particulares e o declínio do Estado.

Isso parece menos evidente quando duas ou várias ordens adentram sua constituição, como em Roma os patrícios e os plebeus, cujas querelas perturbavam, com frequência, os comícios, mesmo durante os melhores tempos da República; mas essa exceção é mais em aparência do que real, pois então, devido ao vício inerente ao corpo político, têm-se, por assim dizer, dois Estados em um; o que não é verdadeiro para os dois em conjunto, revela-se verdadeiro para cada um separadamente. E, com efeito, mesmo nos tempos mais tempestuosos, os plebiscitos do povo, quando o Senado não se intrometia, se realizavam sempre tranquilamente e com a grande pluralidade dos sufrágios. Tendo os cidadãos um só interesse, tinha o povo uma só vontade.

Na outra extremidade do círculo, a unanimidade ressurge. É quando os cidadãos, caídos na servidão, não têm mais nem liberdade, nem vontade. É então que o temor e a bajulação convertem em aclamação os sufrágios; não se delibera mais: adora-se ou se amaldiçoa. Tal era a abjeta maneira de opinar do Senado sob os Imperadores. Por vezes, isso se produzia mediante precauções risíveis: Tácito observa que sob Otão, os senadores, bombardeando Vitélio de execrações, simulavam, ao mesmo tempo, fazer um ruído assustador a fim de que, se por acaso ele se tornasse o senhor, não pudesse saber o que cada um deles dissera.

Dessas diversas considerações nascem as máximas pelas quais se deve regulamentar a maneira de contar os votos e comparar os pareceres, caso seja a vontade geral mais ou menos fácil de ser conhecida e o Estado esteja mais ou menos em declínio.

Há somente uma lei que, por sua natureza, exige um consentimento unânime. É o pacto social, pois a associação civil é o ato mundano mais voluntário; todo homem, tendo nascido livre e senhor de si mesmo, ninguém pode, sob qualquer pretexto que seja, sujeitá-lo sem seu consentimento. Decidir que o filho de um escravo nasce escravo é decidir que ele não nasce homem.

Se, então, por ocasião do pacto social, surgem opositores, sua oposição não invalida o contrato, apenas impede que nele fiquem compreendidos; trata-se de estrangeiros entre os cidadãos. Quando o Estado é instituído, o consentimento se acha na residência; habitar o território é se submeter à soberania.[32]

Fora desse contrato primitivo, o voto da maioria obriga sempre todos os demais; trata-se de uma consequência do próprio contrato. Mas se pergunta como um homem pode ser livre e forçado a se conformar com vontades que não são a sua. Como os opositores são livres e submetidos às leis que não contaram com seu consentimento?

Respondo que a questão está mal formulada. O cidadão consente com todas as leis, mesmo com aquelas aprovadas à sua revelia, e mesmo com as que o punam quando ele ousa transgredir qualquer uma delas. A vontade constante de todos os membros do Estado é a vontade geral; é em razão dela que são cidadãos e livres.[33] Quando se propõe uma lei na assembleia do povo, o que se pergunta não é precisamente se os que compõem o povo aprovam ou rejeitam a proposta, mas se ela é conforme ou não à vontade geral que lhes pertence; cada um, apresentando o seu sufrágio, manifesta com isso seu parecer e do cômputo dos votos extrai-se a declaração da vontade geral. Quando, portanto, prevalece a opinião contrária à minha, isso não prova senão que eu me enganara e aquilo que julguei ser a vontade geral, não era. Se meu parecer particular tivesse prevalecido, eu teria feito algo distinto daquilo que desejava e é nesse caso que eu não teria sido livre.

---

32. Isso se deve sempre entender de um Estado livre, visto que, alhures, a família, os bens, a falta de asilo, a necessidade, a violência podem reter um habitante no interior do país a despeito de sua vontade e, nesse caso, sua permanência, por si só, não supõe mais seu consentimento ao contrato ou à violação do contrato.

33. Em Gênova, lê-se na fachada dos cárceres e nas correntes dos forçados às galés a palavra *Libertas (liberdade)*. Essa aplicação da divisa é bela e justa. De fato, somente os malfeitores de todos os Estados impedem o cidadão de ser livre. Em um país no qual todos esses indivíduos se encontrassem nas galeras, fruir-se-ia da mais perfeita liberdade.

Isso supõe, é bem verdade, que todos os caracteres da vontade geral estão ainda na pluralidade: quando deixa de ser assim, não há mais liberdade, seja qual for o partido que se tome.

Ao expor anteriormente como se substituía a vontade geral por vontades particulares nas deliberações públicas, indiquei suficientemente os meios praticáveis para prevenção desse abuso; ainda tratarei disso mais adiante. Com relação ao número proporcional de sufrágios para declarar essa vontade, também apresentei os princípios pelos quais se pode determiná-lo. A diferença de um único voto rompe a igualdade, um único opositor rompe a unanimidade. Mas entre a unanimidade e a igualdade há diversas parcelas desiguais, podendo-se para cada uma delas fixar esse número de acordo com o estado e as necessidades do corpo político. Duas máximas gerais podem servir para regrar essas relações. A primeira é: quanto mais importantes e graves são as deliberações, mais o parecer dominante deve se aproximar da unanimidade; a segunda é: quanto mais o assunto em pauta exige celeridade, mais se deve abreviar a diferença prescrita na divisão dos pareceres; nas deliberações que necessitam de resolução imediata, a diferença de um só voto deve bastar. A primeira dessas máximas parece mais conveniente às leis e a segunda aos negócios. De um modo ou outro, é com fundamento em sua combinação que se estabelecem as melhores relações que se pode atribuir à pluralidade para se pronunciar.

Capítulo III
Das eleições

Com respeito às eleições do Príncipe e dos magistrados, que são, como eu o asseverei, atos complexos, dispõe-se de duas formas de realizá-las, nomeadamente: a escolha e a sorte. Uma e outra têm sido empregadas em diversas repúblicas e vê-se, ainda hoje, uma mescla bastante complicada das duas na eleição do doge de Veneza.

O sufrágio pela sorte, diz Montesquieu, *pertence à natureza da democracia*. Estou de acordo, mas como isso? *A sorte*, ele continua, *é uma maneira de eleger que a ninguém aflige; deixa a cada cidadão uma esperança razoável de servir à Pátria*. Não vejo aí razões.

Se levarmos em conta que a eleição dos chefes é uma função do governo e não da soberania, perceberemos por que a via do sorteio tem mais a ver com a natureza da democracia, na qual tanto melhor é a administração quanto menos multiplicados são nela os atos.

Em toda democracia verdadeira, a magistratura não é uma vantagem, mas um encargo, uma carga onerosa que não se pode, justamente, impor mais a um particular do que a outro. Só a lei pode impor esse encargo àquele indicado pela sorte, pois então, sendo a condição igual para todos e a escolha não dependendo de qualquer vontade humana, não há, de modo algum, qualquer aplicação particular que altere a universalidade da lei.

Na aristocracia, o Príncipe escolhe o Príncipe, o governo se conserva por si mesmo e aí os sufrágios são bastante cabíveis. O exemplo da eleição do doge de Veneza, longe de destruir essa distinção, confirma-a. Essa forma mesclada convém a um governo misto, já que é errôneo tomar o governo de Veneza por uma aristocracia verdadeira. Se o povo em nada participa ali do governo, a própria nobreza é ali povo. Uma multidão de pobres *barnabotes* jamais se aproximou de qualquer magistratura e de sua nobreza só conta com o vão título de *Excelência* e o direito de assistir ao grande Conselho. Sendo esse Conselho tão numeroso quanto o nosso Conselho Geral de Genebra, os seus ilustres membros não gozam de mais privilégios do que nossos simples cidadãos. É certo que, excetuando-se a extrema disparidade das duas repúblicas, a burguesia de Genebra representa exatamente o patriciado de Veneza, nossos nativos e habitantes representam os citadinos e o povo de Veneza, nossos camponeses representam os súditos de terra firme: enfim, de qualquer modo que se considere essa república, abstração feita de suas proporções, seu governo não é mais aristocrático que o nosso. Toda a diferença está no fato de que, não dispondo de um chefe vitalício, não experimentamos a mesma necessidade do sorteio.

As eleições por sorteio apresentariam poucos inconvenientes em uma democracia verdadeira, onde, sendo tudo igual, seja em termos de costumes e talentos quanto em termos de máximas e fortuna, a escolha se tornaria quase indiferente. Contudo, já afirmei não haver, de modo algum, uma verdadeira democracia.

Quando a escolha e a sorte se acham combinadas, a primeira deve preencher os postos que requeiram talentos peculiares, tais como os cargos militares, e a segunda aqueles aos quais bastam o bom senso, a justiça, a integridade, tais como os cargos da judicatura, isso porque, em um Estado bem constituído, essas qualidades são comuns a todos os cidadãos.

Nem a sorte nem os sufrágios têm lugar no governo monárquico. Sendo o monarca de direito Príncipe e magistrado único, cabe somente a ele a escolha de seus auxiliares diretos. Quando o abade de Saint-Pierre propôs a multiplicação dos conselhos do rei de França e a eleição de seus membros por escrutínio, não notava que estava propondo a mudança da forma de governo.

Restaria que eu me referisse à maneira de dar e recolher os votos na assembleia do povo, mas talvez o histórico da organização política romana, nesse sentido, explicasse com mais precisão todas as máximas que eu pudesse estabelecer. Não é indigno de um leitor judicioso estudar um tanto minuciosamente como eram tratados os negócios públicos e particulares em um Conselho de duzentos mil homens.

AS MAGISTRATURAS PARTICULARES

CAPÍTULO IV
Dos comícios romanos

Não dispomos de qualquer monumento plenamente comprovado dos primeiros tempos de Roma; há, inclusive, sérios indícios de que a maioria das coisas que se lhe atribui são fábulas[34] e, em geral, a parte mais instrutiva dos anais dos povos, que é a história de sua instalação, é a que nos mais falta. A experiência nos ensina todos os dias quais as causas que originam as revoluções dos impérios, mas como não se formam mais povos, não nos restam senão conjeturas para explicar como se formaram.

Os usos que encontramos estabelecidos atestam, pelo menos, que houve uma origem para esses usos. Das tradições que remontam a essas origens, as sustentadas pelas maiores autoridades e que pelas mais vigorosas razões se confirmam devem ser tidas como as mais certas. Foram essas as máximas que me empenhei em acatar ao investigar como o mais livre e o mais poderoso povo da Terra exercia seu poder supremo.

---

34. O nome *Roma*, que se diz ser oriundo de *Rômulo*, é grego e significa "força"; o nome *Numa* também é grego e significa "lei". O que pensar do fato de os dois primeiros reis dessa cidade terem usado de antemão nomes tão relacionados ao que fizeram?

Após a fundação de Roma, a república nascente, ou seja, o exército do fundador composto de albanos, sabinos e estrangeiros foi dividido em três classes, que a partir dessa divisão assumiram o nome de *tribos*. Cada uma dessas tribos foi subdividida em dez cúrias e cada cúria em decúrias, sendo que no comando delas se colocaram chefes chamados curiões e decuriões.

Além disso, extraiu-se de cada tribo um corpo de cem cavaleiros ou cavalheiros, que se chamou de centúria. Disso se percebe que essas divisões, pouco necessárias em um burgo, eram, de início, militares. Mas parece que um instinto de grandeza levou a pequena urbe de Roma a proporcionar a si mesma antecipadamente uma organização conveniente à capital do mundo.

Dessa primeira divisão logo resultou um inconveniente. É que, permanecendo a tribo dos albanos[35] e a dos sabinos[36] sempre no mesmo estado, a dos estrangeiros,[37] que crescia incessantemente graças ao perpétuo afluxo destes, não tardou a superar as demais. O remédio que Sérvio encontrou para esse perigoso abuso foi alterar a divisão, abolindo aquela das raças e substituindo-a por outra divisão com base nos lugares da urbe ocupados por cada tribo. De três tribos ele fez quatro, cada uma delas ocupando uma das colinas de Roma, da qual emprestava o nome. Assim remediando a presente desigualdade, preveniu-a inclusive para o porvir, e colimando que essa divisão não fosse apenas de lugares mas de homens, proibiu que os habitantes de uma divisão se transferissem para outra, impedindo que as raças se mesclassem.

Ele duplicou também as três antigas centúrias da cavalaria adicionando-lhes mais 12, mas sempre sob os antigos nomes, expediente simples e judicioso mediante o qual ele acabou por distinguir o corpo de *cavalheiros* daquele do povo, sem levar este último aos murmúrios.

A essas quatro tribos urbanas Sérvio acrescentou 15 outras chamadas de tribos rústicas devido ao fato de serem constituídas por habitantes do campo, divididas em igual número de cantões. Posteriormente, foram introduzidas outras tantas novas, o povo romano por fim ficando dividido em 35 tribos, número ao qual se cingiram até o desfecho da República.

---

35. Ramnenses.
36. Tatienses.
37. Lúceres.

Dessa distinção entre tribos da cidade e entre tribos do campo resultou um efeito digno de nota, já que não existe outro exemplo similar e Roma a isso deveu, simultaneamente, a preservação de seus costumes e o crescimento de seu império. Crer-se-ia que as tribos urbanas logo se atribuíram o poder e as honras, não tardando a aviltar as tribos rurais. Sucedeu precisamente o oposto. Conhece-se o gosto dos primeiros romanos pela vida bucólica. Esse gosto lhes vinha do sábio instituidor que uniu à liberdade os trabalhos rústicos e militares e relegou, por assim dizer, à urbe as artes, os ofícios, a intriga, a fortuna e a escravidão. Desse modo, tudo o que Roma tinha de ilustre vivendo no campo e cultivando as terras, acostumou-se a buscar somente ali os sustentáculos da República. Sendo este o estado dos mais dignos patrícios, acabou por ser honrado por todos: a vida simples e laboriosa dos aldeões foi preferida à vida ociosa e corrupta dos burgueses de Roma e não houve quem, desditoso proletário na cidade, não se convertesse, como trabalhador nos campos, em um cidadão respeitado. Não foi sem motivo, dizia Varrão, que nossos magnânimos ancestrais instalaram na aldeia o viveiro desses homens vigorosos e valentes que os defendiam em tempo de guerra e os alimentavam em tempo de paz. Plínio diz positivamente que as tribos do campo eram honradas devido aos homens de que se compunham; ao contrário, transferia-se, por ignomínia, para as tribos da urbe os frouxos que se desejava aviltar. O sabino Ápio Cláudio, tendo vindo se estabelecer em Roma, foi aí coberto de honrarias e inscrito em uma tribo rural que tomou mais tarde o nome de sua família. Enfim, os libertos entravam todos nas tribos urbanas e nunca nas rurais e não há, durante toda a República, um só exemplo de algum desses libertos ter atingido alguma magistratura, apesar de ter se tornado cidadão.

Essa máxima era excelente, mas foi impelida tão longe que acarretou, por fim, uma mudança e, certamente, um abuso na organização política.

Primeiramente os censores, depois de se atribuírem por muito tempo o direito de transferir arbitrariamente os cidadãos de uma tribo para outra, permitiram que a maioria se inscrevesse naquela que lhes agradasse, permissão que seguramente não era boa para nada e subtraía à censura uma de duas grandes atividades. Ademais, os grandes e os poderosos fazendo todos se inscreverem nas tribos rurais e os libertos tornados cidadãos permanecendo com o populacho nas tribos urbanas, acabou por faltar às tribos em geral tanto sede quanto território. Entretanto, todas acabaram por se encontrar de tal modo misturadas que só era possível discernir os membros de cada uma pelos registros, de sorte que a ideia encerrada na palavra *tribo* se deslocou, assim, do *real* ao pessoal, ou melhor, transformou-se quase em uma quimera.

Sucedeu também que as tribos urbanas, mais acessíveis, passaram a se mostrar, amiúde, mais fortes nos comícios e venderam o Estado àqueles que se prestavam a comprar os sufrágios da canalha que as compunha. Quanto às cúrias, tendo o instituidor feito dez em cada tribo, todo o povo romano agora estava encerrado entre os muros da cidade, e se achou composto de trinta cúrias, cada uma tendo seus templos, seus deuses, seus funcionários, seus sacerdotes e suas festas chamadas *compitalia*, semelhantes às *paganalia* que, posteriormente, surgiram entre as tribos rurais.

Por ocasião da nova divisão de Sérvio, esse número de trinta não sendo passível de ser repartido igualmente nas suas quatro tribos, ele nele não quis tocar, e as cúrias independentes das tribos se converteram em outra divisão dos habitantes de Roma. Contudo, em absoluto se cogitou das cúrias, fosse no seio das tribos rurais, fosse no seio do povo que as compunha, porque, tendo as tribos se transformado em um estabelecimento puramente civil e introduzindo-se outra política para o recrutamento das tropas, as divisões militares de Rômulo se tornaram supérfluas. Desse modo, ainda que todo cidadão estivesse inscrito em uma tribo, dificilmente não estaria também cada um inscrito em uma cúria.

Sérvio ainda efetuou uma terceira divisão que não entretinha qualquer relação com as duas anteriores e se tornou, em virtude de seus efeitos, a mais importante de todas. Distribuiu todo o povo romano em seis classes, que não distinguiu nem pelo lugar nem pelos homens, mas tomando como critérios os bens, de modo que as primeiras classes eram preenchidas pelos ricos, as últimas pelos pobres e as medianas por aqueles que possuíam uma fortuna medíocre. Essas seis classes eram subdivididas em 193 outros corpos chamados centúrias e tais corpos eram distribuídos de tal forma que a primeira classe, sozinha, deles compreendia mais da metade, enquanto a última era formada de apenas um único. Resultava que a classe menos numerosa em homens era a mais numerosa em centúrias e que a última classe inteira só representava uma subdivisão, mesmo compreendendo, sozinha, mais da metade dos habitantes de Roma.

Para que o povo captasse menos as consequências dessa última forma, Sérvio fingiu lhe dar uma feição militar: inseriu na segunda classe duas centúrias de escudeiros e duas de máquinas de guerra na quarta. Em cada classe, salvo a última, distinguiu os jovens e os velhos, isto é, aqueles que eram obrigados a portar armas e aqueles cuja idade os isentava por lei de fazê-lo, distinção que, mais do que a dos bens, ocasionou a necessidade de refazer frequentemente o censo ou a contagem. Finalmente, ele desejou que a assembleia se realizasse no campo de Marte e que todos que estivessem em idade de prestar serviço comparecessem armados.

A razão pela qual não empregou na última classe essa mesma divisão de jovens e velhos é que não se conferia ao populacho, do qual era ela composta, a honra de portar armas para a defesa da pátria; era preciso dispor de *lar* para obter o direito de defendê-la e dessas inumeráveis tropas de mendigos que hoje reluzem nos exércitos dos reis não haveria, talvez, um único que não fosse rejeitado com desdém por uma corte romana, quando os soldados eram os defensores da liberdade.

Todavia, distinguia-se ainda na última classe os *proletários* daqueles que se denominava *capite censi*. Os primeiros, não completamente reduzidos a coisa alguma, forneciam, ao menos, cidadãos ao Estado, por vezes até soldados em casos de necessidade urgente. Quanto àqueles que tinham absolutamente nada e que só podiam ser contados por cabeça, eram tidos como nulos, e Mário foi o primeiro que se dignou a recrutá-los.

Sem decidir aqui se esse terceiro recenseamento era bom ou mau em si mesmo, creio poder afirmar que só foi exequível graças aos costumes simples dos primeiros romanos, seu desinteresse, seu gosto pela agricultura, seu desprezo pelo comércio e pela sede do ganho. Onde encontrar o povo moderno junto ao qual a avidez devoradora, o espírito ansioso, a intriga, os deslocamentos contínuos, as revoluções perpétuas de fortunas possam permitir perdurar por vinte anos um tal estabelecimento sem abalar todo o Estado? Cumpre, inclusive, observar insistentemente que os costumes e a censura, mais fortes que essa instituição, corrigiram o vício em Roma e que certo rico se viu relegado à classe dos pobres por excesso de ostentação de sua riqueza.

Por tudo isso, pode-se compreender facilmente por que quase sempre se mencionam apenas cinco classes, embora houvesse realmente seis. A sexta, não suprindo nem soldados ao exército, nem votantes no campo de Marte,[38] e não servindo para quase nada na República romana, raramente era computada para qualquer coisa.

Tais foram as diferentes divisões do povo romano. Vejamos agora o efeito que produziam nas assembleias. Essas assembleias legitimamente convocadas se chamavam *comícios*; eram realizadas de ordinário na praça de Roma ou no campo de Marte e se distinguiam por *comícios por cúrias, comícios por centúrias* e *comícios por tribos*, segundo aquela dessas três formas para que eram ordenadas. Os comícios por cúrias foram uma instituição de Rômulo; os por centúrias, instituição de Sérvio e os comícios por tribos, instituição dos tribunos do povo. Nenhuma lei era sancionada, nenhum magistrado era eleito a não ser nos comícios e como não havia cidadão algum que não estivesse inscrito em uma cúria, centúria ou tribo, conclui-se que nenhum cidadão ficava excluído do direito ao sufrágio e que o povo romano era verdadeiramente soberano de direito e de fato.

Para que os comícios estivessem legitimamente reunidos e para que o que neles se fizesse tivesse força de lei, três condições precisavam existir: a primeira era que o corpo ou o magistrado que os convocasse estivesse para tanto investido da autoridade necessária; a segunda que a assembleia ocorresse em um dos dias permitidos pela lei; a terceira que os augúrios fossem favoráveis.

A razão do primeiro regulamento dispensa explicação. O segundo regulamento é uma questão de polícia e, assim, era proibido realizar os comícios nos dias de festas religiosas e de mercado, quando os camponeses, vindo a Roma para seus negócios, não dispunham de tempo para passar o dia na praça pública. Pelo terceiro regulamento, o Senado continha um povo orgulhoso e reclamador e temperava adequadamente os ímpetos dos tribunos sediciosos, embora estes encontrassem mais de um meio de se esquivarem de tal incômodo.

As leis e a eleição dos chefes não constituíam os pontos exclusivos submetidos ao julgamento dos comícios. Tendo o povo romano usurpado

---

38. Digo no *campo de Marte* porque era aí que se reuniam os comícios por centúrias; nas duas outras formas, o povo se reunia no fórum ou alhures, e nesse caso as *capite censi* detinham tanto influência e autoridade quanto os primeiros cidadãos.

as mais importantes funções do governo, pode-se dizer que a sorte da Europa era regulamentada nessas assembleias. Essa variedade de objetos a serem tratados ensejava diversas formas assumidas por essas assembleias segundo as matérias sobre as quais tinham que se pronunciar. Para julgar essas diversas formas, será suficiente compará-las. Rômulo, ao instituir as cúrias, tencionava conter o Senado através do povo e o povo através do Senado, exercendo, ao mesmo tempo, domínio sobre todos. Concedeu ao povo, então, mediante essa forma, toda a autoridade do número para compensar a do poder e das riquezas que ele entregava aos patrícios. Mas, segundo o espírito da monarquia, transmitiu mais vantagens aos patrícios pela influência de seus clientes sobre a pluralidade dos sufrágios. Essa admirável instituição dos patronos e dos clientes foi uma obra-prima de política e humanidade, sem a qual o patriciado, tão contrário ao espírito da República, não teria podido subsistir. Roma, só ela, teve a honra de dar ao mundo esse belo exemplo, do qual jamais resultou o abuso e que, entretanto, jamais foi seguido.

Essa mesma forma das cúrias tendo subsistido sob os reis até Sérvio, e o reinado do derradeiro Tarquínio não sendo considerado, de modo algum, legítimo, fez com que as leis do rei fossem geralmente distinguidas com o nome de *leges curiatae*.

Sob a República, as cúrias, sempre circunscritas às quatro tribos urbanas e encerrando apenas o populacho de Roma, não podiam convir nem ao Senado que se colocava à frente dos patrícios, nem aos tribunos que, ainda que plebeus, estavam à frente dos cidadãos abastados. Caíram então em descrédito e seu aviltamento foi tal que seus trinta litores reunidos executavam o que os comícios por cúrias deveriam ter feito.

A divisão por centúrias era tão favorável à aristocracia que não se percebia, no princípio, como o Senado não vencia sempre nos comícios que ostentavam esse nome e pelos quais eram eleitos os cônsules, os censores e os outros magistrados curuis. Com efeito, das 193 centúrias que formavam as seis classes de todo o povo romano, a primeira classe compreendendo 98 delas e os votos sendo contados unicamente por centúria, essa primeira classe, sozinha, suplantava em número de votos todas as outras. Quando todas essas centúrias estavam de acordo, não se prosseguia a contagem dos sufrágios; o que a minoria decidia passava por uma decisão da multidão e se pode dizer, que nos comícios por centúrias, os negócios se regulamentavam muito mais pela pluralidade dos escudos do que por aquela dos votos.

Mas essa autoridade extrema era temperada por dois expedientes. Primeiramente, os tribunos, ordinariamente, e sempre um grande número de plebeus, estando na classe dos ricos, contrabalançavam o crédito dos patrícios nessa primeira classe.

O segundo expediente consistia no seguinte: em lugar de fazer, de início, votar as centúrias segundo sua ordem, o que faria com que se começasse sempre pela primeira, sorteava-se uma e esta[39] procedia com exclusividade à eleição, após o que todas as centúrias, chamadas outro dia, segundo sua classificação, repetiam a mesma eleição e a confirmavam ordinariamente. Destituía-se assim a autoridade do exemplo por hierarquia para cedê-la à sorte segundo o princípio da democracia.

Desse uso resultou outra vantagem: os cidadãos do campo dispunham de tempo entre as duas eleições para se informarem do mérito do candidato provisoriamente nomeado, de modo a não darem seus votos senão com conhecimento de causa. Mas sob o pretexto de celeridade, acabou-se por abolir esse uso, e as duas eleições passaram a ser realizadas no mesmo dia.

Os comícios por tribos eram propriamente o conselho do povo romano. Só eram convocados pelos tribunos; os tribunos eram neles eleitos e neles eram aprovados seus plebiscitos. Não só o Senado não gozava aí de posição alguma, como também não tinha o direito sequer de assistir a esses comícios e constrangidos a obedecer às leis em relação às quais não podiam votar. Os senadores, nesse aspecto, eram menos livres que os últimos dos cidadãos. Essa injustiça era, de qualquer forma, mal compreendida, bastando só ela para invalidar os decretos de um corpo ao qual todos os seus membros não eram admitidos. Mesmo que a totalidade dos patrícios assistissem a esses comícios segundo o direito que tinham como cidadãos, tornados então simples particulares não teriam absolutamente qualquer influência sobre uma forma de sufrágio que era recolhido por cabeça e onde o mais insignificante proletário podia tanto quanto o Príncipe do Senado.

Percebe-se, então, que, além da ordem resultante dessas várias distribuições para a coleta dos sufrágios de um povo tão numeroso, essas distribuições não se reduziam a formas indiferentes em si mesmas, mas que cada uma produzia efeitos relativos aos fins que a tornavam preferida.

---

39. Essa centúria sorteada denominava-se *prae rogativa* por ser a primeira à qual se solicitava o sufrágio e é daí que se originou a palavra *prerrogativa*.

Sem entrar, no que a isso concerne, em maiores minúcias, infere-se dos esclarecimentos precedentemente expostos que os comícios por tribos eram os mais favoráveis ao governo popular e os comícios por centúrias os mais favoráveis à aristocracia. No que tange aos comícios por cúrias nos quais somente o populacho de Roma formava a pluralidade, como só tinham utilidade para favorecer a tirania e os maus desígnios, findaram por cair no descrédito, os próprios sediciosos se abstendo de um meio que expunha seus projetos demasiadamente. É certo que toda a majestade do povo romano só se achava nos comícios por centúrias, os únicos completos, já que nos comícios por cúrias estavam ausentes as tribos rurais e nos comícios por tribos o Senado e os patrícios.

Quanto ao modo de recolher os sufrágios, era entre os primeiros romanos tão simples quanto seus costumes, embora ainda mais simples do que em Esparta. Cada um dava seu voto em voz alta, um escrivão fazia a anotação à medida que eram dados; a pluralidade de votos em cada tribo determinava o sufrágio da tribo, a pluralidade de votos entre as tribos determinava o sufrágio do povo e assim também para as cúrias e as centúrias. Esse uso foi bom enquanto a honestidade reinou entre os cidadãos e cada um se envergonhava de dar publicamente o seu voto a um parecer injusto ou a um súdito indigno; mas quando o povo se corrompeu e os votos passaram a ser comprados, revelou-se mais conveniente que os votos fossem dados em segredo a fim de conter os compradores pela desconfiança e outorgar aos biltres o meio de não se tornarem traidores.

Estou ciente de que Cícero reprova essa mudança e lhe atribui, em parte, a ruína da República. Mas, embora sinta o peso que deve deter aqui a autoridade de Cícero, não posso com ele concordar. Penso, ao contrário, que, por se ter deixado de realizar suficientes mudanças semelhantes, acelerou-se a perda do Estado. Como o regime de pessoas sadias não é apropriado aos doentes, não se deve querer governar um povo corrompido mediante as mesmas leis que convêm a um povo íntegro. Nada prova melhor essa máxima que a duração da República de Veneza, onde o simulacro ainda existe exclusivamente porque suas leis só convêm a homens maus.

Foram distribuídas, portanto, aos cidadãos, tabuinhas mediante as quais cada um podia votar sem que se soubesse sua opinião. Estabeleceram-se também novas formalidades para o recolhimento das tabuinhas, a contagem dos votos, a comparação dos números etc., o que não impediu que a fidelidade dos funcionários encarregados dessas funções* não fosse frequentemente objeto de suspeita. Produziram-se, enfim, para impedir a manobra e o tráfico dos sufrágios, editos cujo enorme número demonstra sua inutilidade. Nos últimos tempos, ficava-se amiúde constrangido em recorrer a expedientes extraordinários visando a suprir a insuficiência das leis; por vezes, supunham-se prodígios, mas esse meio, que podia ludibriar o povo, não ludibriava os que o governavam; em outras ocasiões, convocava-se bruscamente uma assembleia antes que os candidatos tivessem tempo de levar a cabo suas manobras; outras vezes, consumia-se toda uma sessão discursando ao se ver o povo conquistado e pronto a assumir um mau partido. Mas, finalmente, a ambição tudo frustrou, e o que há de inacreditável é que, em meio a tantos abusos, esse povo imenso, a favor de seus antigos regulamentos, não deixava de eleger os magistrados, aprovar as leis, julgar as causas, expedir os negócios particulares e públicos quase com tanta facilidade com que o poderia ter feito o próprio Senado.

CAPÍTULO V
Do tribunato

Quando não se pode fixar uma exata proporção entre as partes constitutivas do Estado, ou quando causas indestrutíveis lhe alteram continuamente as relações, institui-se então uma magistratura particular que, de modo algum, forma corpo com as demais, que recoloca cada termo na sua verdadeira relação, e produz uma conexão ou um termo médio seja entre o Príncipe e o povo, seja entre o Príncipe e o Soberano, seja concomitantemente dos dois lados, se necessário.

Esse corpo, que chamarei de *tribunato,* é o conservador das leis e do poder legislativo. Serve, por vezes, para proteger o Soberano contra o governo, como faziam em Roma os tribunos do povo, por vezes para sustentar o governo contra o povo, como o faz atualmente em Veneza o Conselho dos Dez e, por vezes, para manter o equilíbrio entre as partes, como faziam os éforos em Esparta.

---

*. Guardiões, distribuidores, recolhedores dos sufrágios. (N.T.)

O tribunato *não é* uma parte constitutiva da cidade (*polis*) e não deve dispor de alguma porção do poder legislativo ou do executivo, mas é precisamente nisso que reside seu maior poder, já que, nada podendo fazer, tudo pode impedir. É mais sagrado e mais reverenciado como defensor das leis do que o Príncipe que as executa e o Soberano que as dá. É o que se presenciou com muita clareza em Roma quando aqueles patrícios orgulhosos, que sempre desprezaram todo o povo, foram forçados a se curvar ante um simples funcionário do povo, o qual não dispunha nem de auspícios nem de jurisdição.

O tribunato sabiamente equilibrado constitui o mais sólido esteio de uma boa constituição; porém, por ínfima que seja a força que tenha em excesso, põe tudo a perder; quanto à fraqueza, não faz parte de sua natureza: contanto que seja algo, jamais será menos do que deveria ser. Degenera em tirania quando usurpa o poder executivo do qual não é senão o moderador e quando quer outorgar as leis das quais é apenas o protetor. O enorme poder dos éforos, que não representou perigo algum enquanto Esparta conservou seus costumes, acelerou a corrupção uma vez desencadeada. O sangue de Ágis, degolado por esses tiranos, foi vingado por seu sucessor: o crime e a punição dos éforos aceleraram igualmente a perda da *república* e, depois de Cleômenes, Esparta nada mais foi. Roma pereceu trilhando a mesma via e o poder excessivo dos tribunos gradativamente usurpado serviu, enfim, com a ajuda de leis feitas para a liberdade, de salvaguarda aos imperadores que a destruíram. Quanto ao Conselho dos Dez de Veneza, é um tribunal de sangue, igualmente detestável para os patrícios e o povo e que, longe de proteger excelsamente as leis, não serve mais, após seu aviltamento, senão para desfechar nas trevas golpes que não se ousa perceber.

O tribunato se enfraquece, como o governo, através da multiplicação de seus membros. Quando os tribunos do povo romano, inicialmente em número de dois, depois cinco, quiseram dobrar esse número, o Senado consentiu que o fizessem, convicto de estar contendo uns pelos outros, o que não deixou de ocorrer.

O melhor meio de prevenir as usurpações de um corpo tão temível, meio a respeito do qual nenhum governo até hoje refletiu, seria não manter esse corpo como permanente, mas regulamentar intervalos durante os quais ele ficaria suprimido. Esses intervalos, que não devem ser tão longos a ponto de permitir que os abusos encontrem tempo para se fortalecer, podem ser fixados pela lei, de maneira que seja fácil abreviá-los, se necessário, por meio de comissões extraordinárias.

Esse meio me parece isento dos inconvenientes porque, como afirmei, não fazendo o tribunato parte, de modo algum, da constituição, pode ser suprimido sem que ela sofra com isso; e me parece eficaz porque um magistrado, novamente reinstalado, não parte do poder que tinha seu predecessor, mas daquele que a lei lhe confere.

CAPÍTULO VI
Da ditadura

A inflexibilidade das leis, que as impede de se dobrarem aos eventos, pode, em certos casos, torná-las perniciosas e causar, por seu intermédio, a perda do Estado em sua crise. A ordem e a lentidão das formas requerem um lapso de tempo que as circunstâncias, por vezes, recusam. Podem se apresentar mil casos que o legislador não previu e é uma previdência bastante necessária sentir que não se pode prever tudo. Portanto, não se deve querer solidificar as instituições políticas até o ponto de afastar a capacidade de lhes suspender o efeito. A própria Esparta deixou que suas leis adormecessem.

Mas apenas os perigos muito grandes são capazes de compensar aquele de alterar a ordem pública e jamais se deve deter o poder sagrado das leis a não ser quando se trate da salvação da pátria. Nesses casos esporádicos e manifestos, previne-se a segurança pública mediante um ato particular que confere o encargo ao mais digno. Essa comissão pode se dar de duas maneiras segundo a espécie de perigo.

Se para remediá-lo basta aumentar a atividade do governo, deve-se concentrá-lo em um ou dois de seus membros. Assim, não é a autoridade das leis que se altera, mas somente a forma de sua administração. Se o perigo for tal que o aparato das leis se mostra um obstáculo a ser evitado, então se nomeia um chefe supremo que faça calar todas as leis e suspenda por um momento a autoridade soberana; em tal caso, a vontade geral não é duvidosa e se evidencia que a primeira intenção do povo é que o Estado não pereça. Desse modo, a suspensão da autoridade legislativa não abole, de modo algum, a vontade geral; o magistrado que a faz calar não pode fazê-la falar; subjuga-a sem poder representá-la; pode fazer tudo, exceto leis.

O primeiro meio era empregado pelo Senado romano quando, por meio de uma fórmula consagrada, incumbia os cônsules de prover a salvação da República; o segundo tinha lugar quando um dos dois cônsules nomeava um ditador,[40] uso de que Alba deu o exemplo a Roma. Nos primórdios da República, apelou-se com muita frequência à ditadura porque o Estado não possuía ainda uma base suficientemente fixa para poder se sustentar pela força de sua constituição. Depois, os costumes tornando supérfluas muitas das precauções que haviam sido necessárias em outros tempos, não se receava que um ditador abusasse de sua autoridade, nem que tentasse mantê-la além do mandato. Parecia, pelo contrário, que um poder tão grande era uma sobrecarga para quem dele estivesse investido, de modo que este se apressava em desfazer-se dele, como se ocupar o lugar das leis fosse um posto demasiado penoso e perigoso!

Não é também o risco do abuso, mas o do aviltamento que faz reprovar o uso indiscreto dessa suprema magistratura nos primeiros tempos, pois, enquanto se a prodigalizava em eleições, em consagrações, em coisas puramente formais, era de se temer que se tornasse menos temível quando necessária e que se acostumassem a olhar como um título vão aquele que só se empregava por ocasião de cerimônias vazias.

No fim da República, os romanos, que se tornaram mais circunspectos, pouparam a ditadura com tão pouca razão quanto a haviam prodigalizado outrora. Era fácil de perceber que seu temor era mal fundado, que a debilidade da capital produzia então sua segurança contra os magistrados que ela encerrava em seu seio, que um ditador podia, em certos casos, defender a liberdade pública sem jamais poder atentar contra ela e que as correntes de Roma não seriam, de modo algum, forjadas na própria Roma, mas em seus exércitos: a escassa resistência que Mário ofereceu a Sila e Pompeu a César mostrou bem o que se podia esperar da autoridade interna contra a força externa.

Esse erro os conduziu a grandes faltas. Uma delas foi, por exemplo, não ter nomeado um ditador no caso de Catilina, pois, como não se tratava senão de um caso interno da cidade e, no máximo, de alguma província da Itália, mediante a autoridade sem limites que as leis concederiam ao ditador, este facilmente teria debelado a conjura, a qual só foi

---

40. Procedia-se a essa nomeação à noite e em segredo, como se houvesse vergonha de colocar um homem acima das leis.

128

abafada pelo concurso de felizes acasos que jamais a prudência humana deveria ter aguardado. Em lugar disso, o Senado se contentou em transferir todo o seu poder aos cônsules. Disso resultou que Cícero, para agir com eficácia, foi constrangido a ultrapassar esse poder em um mõmento capital e, se os primeiros transportes de júbilo fizeram aprovar sua conduta, foi com justiça que na sequência se lhe exigiu conta do sangue dos cidadãos vertido em oposição às leis, censura que não se poderia fazer a um ditador. Mas a eloquência do cônsul tudo arrastou e ele próprio, ainda que romano, prezando mais sua glória do que a da pátria, não buscou o meio mais legítimo e seguro de salvar o Estado, mas o de obter para si todas as honras desse caso.[41] Assim, com justiça foi glorificado como libertador de Roma e com justiça punido como infrator das leis. Por mais brilhante que tenha sido sua recondução, é certo que se tratou de uma graça.

De resto, de qualquer forma que essa importante comissão seja conferida, cumpre lhe fixar a duração em um prazo bastante curto que jamais possa ser prolongado; nas crises que impõem o seu estabelecimento, o Estado é de imediato destruído ou salvo e, decorrida a necessidade premente, a ditadura se torna tirânica ou vã. Em Roma, só tendo havido ditadores por seis meses, a maioria abdicou antes do prazo. Se o prazo tivesse sido mais longo, talvez se sentissem tentados a prolongá-lo ainda, como fizeram os decênviros com o prazo de um ano. Ao ditador cabia apenas o tempo de prover a necessidade que levavam à sua eleição: não dispunha de tempo para sonhar com outros projetos.

Capítulo VII
Da censura

Do mesmo modo que a declaração da vontade geral se faz pela lei, a declaração do julgamento público se faz pela censura; a opinião pública é a espécie de lei da qual o censor é o ministro e que ele só aplica nos casos particulares, a exemplo do Príncipe.

---

41. É o que ele não poderia se garantir se propusesse um ditador, não ousando se nomear e não podendo se assegurar de que seu colega o nomearia.

Longe, portanto, de ser o árbitro da opinião do povo, o tribunal censorial não é senão seu declarador e, no momento em que ele se afasta disso, suas decisões são vãs e destituídas de efeito.

É inútil distinguir os costumes de uma nação dos objetos que ela preza, pois tudo isso se vincula ao mesmo princípio e se confunde necessariamente. Junto a todos os povos do mundo, não é a natureza, mas a opinião que decide sobre a escolha de seus prazeres. Aprimorai as opiniões humanas e seus costumes se depurarão por si mesmos. Ama-se sempre o que é belo ou o que julgamos como tal, mas é com fundamento nesse julgamento que nos enganamos; é, portanto, esse julgamento que se trata de regulamentar. Quem julga os costumes, julga a honra e quem julga a honra toma sua lei da opinião.

As opiniões de um povo são oriundas de sua constituição; mesmo que a lei não regulamente os costumes, é a legislação que os faz nascer; quando a legislação se debilita, os costumes degeneram, mas então o julgamento dos censores não realizará o que a força das leis não realizou.

Disso se conclui que a censura pode ser útil para a preservação dos costumes, mas jamais para o restabelecimento deles. Estabelecei censores enquanto a lei vigora; no momento em que a lei perdeu sua vigência, instala-se o desespero; nada de legítimo dispõe mais de força quando as leis já não a tiverem.

A censura preserva os costumes tolhendo a corrupção das opiniões, conservando a retidão destas por meio de prudentes aplicações, por vezes fixando-as quando forem ainda incertas. O uso de substitutos nos duelos, praticado reiteradamente no reino de França, foi suprimido simplesmente por estas palavras de um edito do rei: "*Quanto aos que têm a covardia de chamar substitutos.*" Este julgamento, antecipando-se ao do público, prescreveu-o com rapidez. Mas quando os mesmos editos quiseram se pronunciar que era também covardia se bater em duelo, o que é muito verdadeiro porém contrário à opinião comum, o público zombou dessa decisão, sobre a qual já tinha opinião formada.

Afirmo alhures[42] que não estando, de modo algum, a opinião pública submetida ao constrangimento, não se requer qualquer indício no tribunal estabelecido para representá-la. Nunca é demais admirar com que arte esse recurso, completamente perdido para os modernos, foi posto em prática pelos romanos e, ainda mais, pelos lacedemônios.

---

42. Limito-me a indicar neste Capítulo aquilo que abordei mais extensivamente na *Carta ao Sr. d'Alembert.*

Tendo um homem de maus costumes apresentado um bom parecer no Conselho de Esparta, os éforos, sem levar em conta seu parecer, fizeram com que o mesmo parecer fosse proposto por um cidadão virtuoso. Que honra para um, que desonra para o outro, sem ter concedido louvor ou censura a nenhum dos dois! Certos bêbados de Samos[43] macularam o tribunal dos éforos. No dia seguinte, permitiu-se aos sâmios por edito público serem vilões. Um verdadeiro castigo teria sido menos severo que uma tal impunidade. Quando Esparta se pronuncia sobre o que é ou não é honesto, a Grécia não recorre de seus julgamentos.

A RELIGIÃO E O ESTADO

Capítulo VIII
Da religião civil

Os homens *não* tiveram, no princípio, outros reis senão os deuses, nem outro governo senão o teocrático. Raciocinaram como Calígula e, então, raciocinaram bem. Foi necessária uma longa transformação de sentimentos e de ideias para que se pudesse resolver tomar o semelhante por senhor e se persuadir que assim se estará bem.

Devido ao simples fato de se colocar Deus à frente de cada sociedade política, deduz-se que houve tantos deuses quanto povos. Dois povos estranhos um ao outro, e quase sempre inimigos, não podiam por muito tempo reconhecer um senhor idêntico; dois exércitos, travando uma batalha, não poderiam obedecer ao mesmo chefe. Eis como das divisões nacionais surgiu o politeísmo e deste a intolerância teológica e civil que naturalmente é a mesma, como se sustentará na sequência.

A fantasia que tiveram os gregos de reencontrar seus deuses entre os povos bárbaros provém daquela outra, que também alimentavam, de se considerarem os soberanos naturais desses povos. Mas, nos nossos dias, manifesta-se como erudição bastante risível a que fala da identidade dos deuses das diversas nações, como se Moloc, Saturno e Cronos pudessem ser o mesmo deus; como se o Baal dos fenícios, o Zeus dos gregos e o

---

43. Eles eram de outra ilha (Quios), que a delicadeza de nossa língua proíbe nomear neste ensejo.

Júpiter dos latinos pudessem ser o mesmo; como se pudesse haver algo de comum entre seres quiméricos que ostentam nomes diversos! Que me indaguem: por que no paganismo, no qual cada Estado possuía seu culto e seus deuses, não havia absolutamente guerras religiosas? Respondo que era por isso mesmo, ou seja, cada Estado, tendo seu culto próprio tanto quanto seu governo, não distinguia seus deuses de suas leis. A guerra política era também teológica. A jurisdição dos deuses era, por assim dizer, fixada pelos limites das nações. O deus de um povo não detinha qualquer direito sobre os outros povos. Os deuses dos pagãos não eram deuses ciumentos: repartiam entre si o império do mundo. O próprio Moisés e o povo hebreu se prestavam, por vezes, a essa ideia falando do Deus de Israel. Consideravam, é verdade, nulos os deuses dos cananeus, povos proscritos, destinados ao aniquilamento e dos quais deviam ocupar o lugar; mas vede como se referiam às divindades dos povos vizinhos que lhes era proibido atacar: *A posse daquilo que pertence a Chamos, vosso deus*, dizia Jefté aos amonitas, *não vos é legitimamente devida? Pelas mesmas razões, somos possuidores das terras adquiridas por nosso Deus vencedor.*[44] Aí estava, parece-me, uma paridade bem reconhecida entre os direitos de Chamos e os do Deus de Israel.

Mas quando os judeus, submetidos ao rei da Babilônia e em seguida aos reis da Síria, quiseram se obstinar a não reconhecer qualquer outro deus a não ser o seu, essa recusa, considerada uma rebelião contra o vencedor, atraiu-lhes as perseguições que se lê na história deles e do que não se vê qualquer outro exemplo antes do cristianismo.

Estando, portanto, cada religião unicamente ligada às leis do Estado que a prescrevia, não havia outra maneira de converter um povo senão o subjugando, nem outros missionários a não ser os conquistadores e a obrigação de mudar de culto sendo a lei dos vencidos, era preciso começar por vencer antes de falar nisso. Longe de serem os homens combatendo pelos deuses, eram, como em Homero, os deuses que combatiam pelos homens; cada um pedia ao seu a vitória e a pagava com novos altares. Os romanos, antes de tomar um lugar, intimavam os deuses a abandoná-lo e quando deixaram os deuses dos tarentinos irritados, fizeram-no por considerarem esses deuses submetidos aos seus e forçados a lhes prestarem homenagem: deixavam aos vencidos seus deuses

---

44. É de franca evidência que a guerra dos fócios, chamada guerra santa, não foi absolutamente uma guerra religiosa. Tinha como propósito punir sacrilégios e não submeter os incrédulos.

como lhes deixavam suas leis. Uma coroa ao Júpiter do Capitólio era, com frequência, o único tributo que impunham.

Finalmente, tendo os romanos difundido com seu Império seu culto e seus deuses e tendo, amiúde, eles mesmos adotado aqueles dos vencidos concedendo a uns e outros a cidadania, os povos desse vasto Império passaram, sem se aperceberem, a ter múltiplos deuses e cultos, quase os mesmos em todas as partes; e assim foi o paganismo conhecido finalmente no mundo como uma única e mesma religião.

Foi nessas circunstâncias que Jesus veio estabelecer sobre a Terra um reino espiritual, o que separando o sistema teológico do sistema político fez o Estado cessar de ser uno e ocasionou as divisões intestinas que jamais deixaram de agitar os povos cristãos. Ora, não tendo podido essa ideia nova de um reino do outro mundo jamais entrar na cabeça dos pagãos, estes sempre encararam os cristãos como verdadeiros rebeldes que, sob uma hipócrita submissão, só aguardavam o momento oportuno de se tornarem independentes e senhores, usurpando, assim, mediante a habilidade, a autoridade que simulavam respeitar em sua fraqueza. Tal foi a causa das perseguições.

O que os pagãos haviam receado aconteceu e então tudo mudou de aspecto. Os humildes cristãos mudaram de linguagem e logo se viu esse pretenso reino do outro mundo se tornar neste sob um chefe visível o mais violento despotismo.

Entretanto, como sempre houve um Príncipe e leis civis, resultou desse duplo poder um perpétuo conflito de jurisdição, que impossibilitou toda boa *constituição* nos Estados cristãos e jamais se logrou saber se era ao senhor ou ao padre que se estava obrigado a acatar.

Vários povos, contudo, mesmo na Europa ou nas suas imediações, desejaram conservar ou restabelecer o antigo sistema, mas sem êxito; o espírito do cristianismo dominou. O culto sagrado sempre permaneceu ou se tornou independente do Soberano e sem conexão necessária com o corpo do Estado. Maomé teve excelentes ideias, uniu corretamente o seu sistema político e, enquanto subsistiu a forma de seu governo entre os califas, seus sucessores, esse governo foi precisamente uno, e, por isso mesmo, bom. Porém, os árabes, tornando-se florescentes, letrados, refinados, fracos e pusilânimes, foram subjugados pelos bárbaros; então a divisão entre os dois poderes recomeçou. Ainda que menos aparente entre os maometanos do que entre os cristãos, está presente entre os primeiros, sobretudo na seita de Ali e há Estados, como a Pérsia, onde não cessa de se fazer sentir.

Entre nós, os reis da Inglaterra se converteram em chefes da Igreja, o mesmo fazendo os czares; mas, mediante esse título, porém, tornaram--se menos senhores do que os ministros; granjearam menos o direito de modificá-la do que o poder de conservá-la; não são nela legisladores, são apenas Príncipes. Em toda parte que o clero constitui um corpo,[45] ele é senhor e legislador na sua alçada. Há, portanto, dois poderes, dois soberanos na Inglaterra, na Rússia, da mesma forma que alhures.

De todos os autores cristãos, o filósofo Hobbes é o único que percebeu muito bem o mal e o seu remédio, que ousou propor a união das duas cabeças da águia e reconduzir tudo à unidade política, sem a qual jamais Estado ou governo serão bem constituídos. Mas ele deveria ter compreendido que o espírito dominador do cristianismo era incompatível com seu sistema e que o interesse do padre seria sempre mais forte do que o do Estado. Não foi tanto o que há de horrível e falso em sua política senão o que há nela de justo e verdadeiro que a tornou odiosa.[46]

Creio que, desenvolvendo sob esse ponto de vista os fatos históricos, refutar-se-iam facilmente os sentimentos opostos de Bayle e de Warburton, pretendendo um que religião alguma é útil ao corpo político, enquanto o outro sustenta, ao contrário, que o cristianismo constitui o seu mais sólido esteio. Provar-se-á ao primeiro que jamais foi um Estado fundado sem que a religião lhe servisse de base e ao segundo que a lei cristã é, no fundo, mais prejudicial do que útil à vigorosa constituição do Estado. Para melhor me fazer entender, bastará introduzir um pouco mais de precisão às ideias excessivamente vagas de religião relativas ao meu tema.

A religião considerada na sua relação com a sociedade, que é geral ou particular, pode igualmente ser dividida em duas espécies: *a religião do homem e a religião do cidadão*. A primeira, desprovida de templos, altares, ritos, circunscrita ao culto puramente interior do Deus supremo e aos deveres eternos da moral, é a genuína e simples religião do Evangelho, o teísmo verdadeiro, e o que se pode chamar de *direito*

---

45. É preciso observar com cuidado que não são tanto as assembleias formais como as da França que unem o clero em um corpo quanto à comunhão das Igrejas. A comunhão e a excomunhão são o pacto social do clero, pacto graças ao qual ele será sempre o senhor dos povos e dos reis. Todos os padres que comungam juntos são concidadãos, mesmo que estejam nos dois extremos do mundo. Essa invenção é uma obra-prima em matéria de política. Não houve nada de semelhante entre os sacerdotes pagãos, mas estes, também, jamais dispuseram de um corpo de clérigos.

46. Vede, entre outras, em uma carta de Grócio a seu irmão, de 11 de abril de 1643, o que esse sábio homem aprova e o que reprova no livro *De cive*. É verdade que, transportado pela indulgência, ele parece perdoar ao autor o bem em favor do mal, mas nem todos são tão clementes.

divino natural. A outra, inscrita em um só país, confere-lhe seus deuses, seus patronos próprios e tutelares: esta possui seus dogmas, seus ritos, seu culto exterior prescrito por leis; fora da única nação que a professa, tudo é para ela infiel, estrangeiro, bárbaro; ela só estende os deveres e os direitos do homem até onde se encontram os seus altares. Tais foram todas as religiões dos primeiros povos, às quais se pode designar como *direito divino civil* ou *positivo*.

Há uma terceira espécie de religião mais bizarra, que, dando aos homens duas legislações, dois chefes, duas pátrias, os submete a deveres contraditórios e os impede de poder ser simultaneamente devotos e cidadãos. Tal é a religião dos lamas, a dos japoneses, o cristianismo romano. A este último podemos chamar religião do padre, do que resulta uma espécie de direito misto *insociável* que não tem nome.

Se considerarmos essas três formas de religião, veremos que todas têm seus defeitos. A terceira forma é tão conspicuamente má que seria perda de tempo se empenhar em demonstrá-la. Tudo o que rompe a unidade social não vale coisa alguma. Todas as instituições que levam o homem à contradição consigo mesmo nada valem.

A segunda é boa pois une o culto divino ao amor às leis e porque, fazendo da pátria o objeto da adoração dos cidadãos, ensina-lhes que servir ao Estado é servir ao deus tutelar. É uma espécie de teocracia, na qual não se deve, em absoluto, ter outro pontífice que não seja o Príncipe, nem outros sacerdotes senão os magistrados. E então morrer por seu país é alcançar o martírio, transgredir as leis é ser ímpio e submeter um culpado à execração pública é devotá-lo à ira dos deuses: *sacer estod.*

Mas ela é má pelo fato de ter sido fundada no erro e na mentira, engana os homens, torna-os crédulos, supersticiosos, submergindo o verdadeiro culto da divindade em um vão cerimonial. Ainda é má quando, fazendo-se exclusiva e tirânica, torna um povo sanguinário e intolerante, de sorte que este se limita a respirar assassínio e massacre e crê realizar uma ação santa matando quem quer que não reconheça os seus deuses. Isso põe um povo em um estado natural de guerra contra todos os outros, o que é muito nocivo à sua própria segurança.

Resta, portanto, a religião do homem ou o cristianismo, não este da atualidade, mas aquele do Evangelho que é totalmente diferente, pois nessa religião santa, sublime, verdadeira, os homens, filhos do mesmo Deus, reconhecem-se todos como irmãos e a sociedade que os une não se dissolve nem por ocasião da morte.

Mas não tendo essa religião qualquer relação particular com o corpo político, deixa as leis exclusivamente com a força que extraem de si mesmas, sem lhes juntar qualquer outra e, em razão disso, um dos grandes liames da sociedade particular fica sem efeito. Mais ainda: longe de unir os corações dos cidadãos ao Estado, ela os desliga de todas as coisas da Terra: não conheço nada mais contrário ao espírito social. Dizem que um povo de verdadeiros cristãos formaria a mais perfeita das sociedades imaginável. No que toca à essa suposição, só vejo uma grande dificuldade: uma sociedade de verdadeiros cristãos não seria mais uma sociedade humana. Digo até que essa sociedade suposta não seria graças a toda sua perfeição nem a mais forte, nem a mais duradoura. À força de ser perfeita lhe faltaria coesão; seu vício aniquilador residiria na sua própria perfeição.

Cada um cumpriria o seu dever; o povo estaria submetido às leis, os chefes seriam justos e moderados, os magistrados íntegros, incorruptíveis, os soldados desdenhariam a morte, não haveria vaidade nem luxo. Tudo isso é excelente, mas olhemos mais longe.

O cristianismo é uma religião inteiramente espiritual, ocupada unicamente das coisas do céu. A pátria do cristão não pertence a este mundo. Ele cumpre seu dever, é verdadeiro, mas age com profunda indiferença quanto ao bom ou mau resultado de seus cuidados. Contanto que não tenha nada de que se censurar, pouco se lhe dá se tudo vai bem ou mal cá embaixo. Se o Estado é próspero, ele mal ousa usufruir da felicidade pública, receando se tomar de orgulho em relação à glória de seu país; se o Estado sucumbe, ele bendiz a mão de Deus que pesa sobre seu povo.

Para que a sociedade fosse pacífica e se mantivesse a harmonia, seria necessário que todos os cidadãos sem exceção fossem igualmente bons cristãos. Mas se, por infortúnio, nela se encontrar um só ambicioso, um só hipócrita, por exemplo um Catilina, um Cromwell, este com certeza mercantilizaria seus piedosos compatriotas. A caridade cristã não permite facilmente que se pense mal do próximo. Bastaria que ele, mediante qualquer manha, achasse a arte de se impor e de se apossar de uma parte da autoridade pública, ei-lo um homem constituído em dignidade; Deus quer que se o respeite; e logo temos um poder; Deus quer que se o obedeça. O depositário desse poder abusa? É o látego com o qual Deus castiga seus filhos. Torna-se questão de consciência expulsar o usurpador: ter-se-á de perturbar a tranquilidade pública, fazer uso da violência, derramar sangue. Tudo isso não se harmoniza bem com a doçura do cristão;

e, afinal, que importa que se seja livre ou servo neste vale de misérias? O essencial é atingir o paraíso e a resignação é um meio a mais para isso. Sobrevém uma guerra estrangeira? Os cidadãos se dirigem sem dificuldade para o combate. Nenhum deles sequer sonha em fugir; cumprem seu dever, mas sem paixão pela vitória; mais sabem morrer do que vencer. Que importa sejam os vencedores ou os vencidos? Não saberá a Providência melhor do que eles o que lhes convém? Que se imagine que partido um inimigo orgulhoso, impetuoso, arrebatado pode tirar do estoicismo deles! Colocai diante deles esses povos generosos aos quais devora o amor à glória e à pátria, imaginai vossa república cristã ante Esparta ou Roma. Os piedosos cristãos serão derrotados, esmagados, aniquilados antes de ter tempo de se dar conta do que está acontecendo, ou então irão dever sua salvação apenas ao desprezo que o inimigo lhes vota. Foi, a meu ver, um belo juramento o dos soldados de Fábio, que não juraram morrer ou vencer, juraram voltar vencedores e cumpriram seu juramento. Jamais os cristãos teriam feito tal juramento – acreditariam estar tentando a Deus.

Mas me equivoco ao dizer república cristã pois cada uma dessas palavras se exclui mutuamente. O cristianismo só prega servidão e dependência. Seu espírito é demasiado favorável à tirania para que esta não tire proveito disso sempre. Os verdadeiros cristãos são feitos para serem escravos; sabem-no e não se comovem com isso; essa vida efêmera tem pouco preço aos seus olhos.

As tropas cristãs – dizem – são excelentes. Eu o nego. Que me exibam tais tropas! De minha parte, não conheço tropas cristãs. Citarão as cruzadas. Sem entrar no mérito do valor dos cruzados, observarei que, bem longe de serem cristãos, eram soldados do padre, cidadãos da Igreja. Lutavam por sua pátria espiritual que a Igreja transformara em temporal não se sabe como. A julgarmos bem, isso se enquadra no paganismo: como o Evangelho não estabelece, de maneira alguma, uma religião nacional, toda guerra sagrada entre os cristãos é impossível.

Sob os imperadores pagãos os soldados cristãos eram bravos – todos os autores cristãos o asseguram e eu nisso acredito: tratava-se de uma emulação de honra contra as tropas pagãs. A partir do advento dos imperadores cristãos, essa emulação não mais subsistiu e, quando a cruz expulsou a águia, todo o valor romano desapareceu.

Mas deixando de lado as considerações políticas, retornemos ao direito e fixemos os princípios no que tange a este ponto importante.

O direito que o pacto social outorga ao Soberano sobre os súditos não ultrapassa, como o afirmei, os limites da utilidade pública.[47] Os súditos, portanto, só devem ao Soberano a satisfação de suas opiniões na medida em que essas opiniões interessem à comunidade. Ora, interessa ao Estado que cada cidadão tenha uma religião que o faça amar os seus deveres; mas os dogmas dessa religião não interessam nem ao Estado nem aos seus membros, salvo quando esses dogmas se relacionam com a moral e com os deveres que aquele que a professa tem de cumprir em relação aos outros. De resto, cada um pode ter as opiniões que bem entender, sem que caiba ao Soberano conhecê-las, já que, não tendo ele competência no outro mundo, nada tem a ver com a sorte dos súditos na vida vindoura contanto que sejam bons cidadãos nesta.

Há, pois, uma profissão de fé puramente civil, cujos artigos compete ao Soberano fixar, não precisamente como dogmas religiosos, mas como sentimentos de sociabilidade, sem os quais é impossível ser bom cidadão nem súdito fiel.[48] Sem poder obrigar ninguém a neles crer, ele pode banir do Estado quem quer que neles não creia; pode banir não por impiedade, mas por insociabilidade, como incapaz de amar sinceramente as leis, a justiça e de imolar, se necessário, sua vida ao seu dever. E se alguém, após ter reconhecido publicamente esses mesmos dogmas, conduzir-se como um incrédulo em relação a eles, que seja punido com a morte – terá cometido o maior dos crimes: mentiu ante as leis.

Os dogmas da religião civil devem ser simples, em número modesto, enunciados com precisão e sem explicações e comentários. A existência da divindade poderosa, inteligente, benéfica, previdente e provedora, a vida vindoura, a felicidade dos justos, a punição dos maus, a santidade do contrato social e das leis – eis os dogmas positivos. Quanto aos dogmas negativos, restrinjo-os a um só: a intolerância, que se enquadra nos cultos que excluímos.

---

47. *Na república*, diz o Marquês d'Argenson, *cada um é perfeitamente livre naquilo que não causa dano aos outros*. Eis o limite invariável; não se poderia formulá-lo com maior precisão. Não pude me privar do prazer de citar, por vezes, esse manuscrito ainda que desconhecido do público, visando a prestar honra à memória de um homem ilustre e respeitável que conservou, mesmo no ministério, o coração de um verdadeiro cidadão e pontos de vista corretos e sadios acerca do governo de seu país.

48. César, defendendo Catilina, empenhou-se em estabelecer a mortalidade da alma; Catão e Cícero, para refutá-lo, não se divertiram filosofando: contentaram-se em mostrar que César falava como mau cidadão e antecipava uma doutrina perniciosa ao Estado. Com efeito, era esta a questão a ser julgada pelo Senado romano e não uma questão de teologia.

138

Aqueles que distinguem a intolerância civil da intolerância teológica, a meu ver, se equivocam. Estas duas intolerâncias são indissolúveis. É impossível viver em paz no convívio de pessoas que se creem danadas; amá-las seria odiar Deus que as puniu; é absolutamente necessário que se as reencaminhe ou que se as martirize. Em toda parte em que a intolerância teológica é admitida é impossível que não produza qualquer efeito civil[49] e, no momento em que o produz, o Soberano não é mais Soberano, mesmo temporalmente: desde já os padres são os verdadeiros senhores e os reis apenas seus funcionários.

Atualmente, quando não há mais e quando não pode mais haver religião nacional exclusiva, deve-se tolerar todas aquelas que toleram as outras, contanto que seus dogmas não contrariem em nada os deveres do cidadão. Mas quem quer que diga: *Fora da Igreja não há salvação,* deve ser expulso do Estado a não ser que o Estado seja a Igreja e o Príncipe, o pontífice. Tal dogma só é bom em um governo teocrático, sendo pernicioso em qualquer outro. A razão pela qual se diz que Henrique IV abraçou a religião romana deveria fazê-la deixar todo homem honesto e, sobretudo, todo príncipe capaz de raciocínio.

---

49. O casamento, por exemplo, sendo um contrato civil, tem efeitos civis sem os quais é, inclusive, impossível que a sociedade subsista. Suponhamos, então, que um clero acabe por atribuir a si exclusivamente o direito de realizar esse ato – direito que deve necessariamente usurpar em toda religião intolerante. Não se evidenciará que, fazendo nesse sentido valer a autoridade da Igreja, tornará vã a do Príncipe que não disporá de outros súditos senão daqueles que o clero quiser lhe dar? Senhor de casar ou não casar as pessoas, segundo professem ou não esta ou aquela doutrina, segundo reconheçam ou rejeitem este ou aquele formulário, segundo sejam mais ou menos devotos e se comportando prudentemente e se conservando firmes, não fica evidente que só o clero terá à disposição as heranças, os tributos, os cidadãos, o próprio Estado, que não poderia mais subsistir não sendo composto senão de bastardos? Mas – diriam – será citado por abuso, será intimado, sentenciado e preso pelo poder temporal. Que lástima! O clero, por pouco que tenha, não digo de coragem, mas de bom senso, deixará fazer e prosseguirá seu caminho; permitirá tranquilamente que se cite, que se intime, que se sentencie, que se prenda e acabará sendo o senhor. Parece-me não constituir tão grande sacrifício o ceder uma parte quando se está seguro de se apoderar do todo.

CONCLUSÃO

Capítulo ix
Conclusão

Depois de ter estabelecido os verdadeiros princípios do direito político e ter me empenhado em fundar o Estado sobre sua base, restaria ampará-lo mediante suas relações externas, o que compreenderia o direito das gentes, o comércio, o direito da guerra e as conquistas, o direito público, as ligas, as negociações, os tratados etc. Mas tudo isso forma um novo objeto excessivamente vasto para minha limitada vista, e eu deveria fixá-la sempre mais próximo de mim.

LEITURAS ADICIONAIS*

ARISTÓTELES. *A Ética*: textos selecionados. Trad. Cássio. M. Fonseca. 3. ed. São Paulo: Edipro, 2015.

_____. *Ética a Nicômaco*. Trad. Edson Bini. 4. ed. São Paulo: Edipro, 2014.

_____. *Órganon*: Categorias, Da Interpretação, Analíticos Anteriores, Analíticos Posteriores, Tópicos, Refutações Sofísticas. Trad. Edson Bini. 3. ed. Bauru: Edipro, 2016.

_____. *Política*. Trad. Maria Aparecida de Oliveira Silva. São Paulo: Edipro, 2018.

BACON, Francis. *Ensaios*. Trad. Edson Bini. São Paulo: Edipro, 2015.

BECCARIA, Cesare. *Dos Delitos e das Penas*. Trad. Paulo M. Oliveira. 2. ed. São Paulo: Edipro, 2015.

BODIN, Jean. *Les Six Livres de la République*. Genebra: [s.n.], 1629.

BURGELIN, Pierre. *La Philosophie de l'Existence de J.-J. Rousseau*. Paris: [s.n.], 1952.

CICERO, M. T. *De Legibus*. Trad. Clinton W. Keyes. The Loeb Classical Library, Harvard University Press. [S.l.: s.n., s.d.].

COULANGES, Fustel de. *A Cidade Antiga*. Trad. Edson Bini. 4. ed. Bauru: Edipro, 2009.

DERATHÉ, Robert. *Le Rationalisme de J.-J. Rousseau*. Paris: [s.n.], 1948.

EVANGELHO, O. *Vulgata*. [S.l.: s.n., s.d.].

GOUHIER, Henri. *Rousseau et Voltaire*. Paris: Vrin, 1983.

GROTIUS, Hugo. *Droit de la Guerre et de la Paix*. Trad. J. Barbeyrac. Amsterdã: Université de Caen, 1724.

HOBBES, Thomas. *Do cidadão*. Trad. Raul Fiker. São Paulo: Edipro, 2016.

---

*. Esta relação de obras é bastante restrita. As obras escritas em torno *Do Contrato Social* e do pensamento rousseaunista são inúmeras. Limitamo-nos a indicar o estritamente essencial, em função de três aspectos: 1. trabalhos do próprio Rousseau; 2. principais obras de referência mencionadas por Rousseau neste livro; 3. ensaios sobre Rousseau e sua doutrina. (N.T.)

_____. *Leviatã:* ou Matéria, Forma e Poder de um Estado Eclesiástico e Civil. Trad. Daniel Moreira Miranda. São Paulo: Edipro, 2015.

IHERING, Rudolf von. *A Luta pelo Direito.* Trad. Edson Bini. Bauru: Edipro, 2001.

JOLY, MAURICE. *Diálogo no Inferno entre Maquiavel e Montesquieu.* Trad. Isolina Bresolin Vianna. São Paulo: Edipro, 2010.

KANT, Immanuel. *Metafísica dos Costumes.* Trad. Edson Bini. 3. ed. Bauru: Edipro, 2017.

LECERCLE, Jean-Louis. *Jean-Jacques Rousseau, Modernité d'un Classique.* Paris: Larousse, 1973.

LOCKE, John. *Segundo Tratado Sobre o Governo Civil.* Trad. Marsely de Marco Dantas. São Paulo: Edipro, 2014.

_____. *Traité du Gouvernement Civil.* Paris: Flammarion, [s.d.].

MAQUIAVEL, Nicolau. *Comentários à Primeira Década de Tito Lívio.* Brasília: UnB, 1994.

_____. *Da Arte da Guerra.* Trad. Edson Bini. Bauru: Edipro, 2002.

_____. *Escritos Políticos.* Trad. Lívio Xavier. Bauru: Edipro, 1995.

_____. *O Príncipe.* Trad. Lívio Xavier. 4. ed. São Paulo: Edipro, 2015.

MONTESQUIEU. *Do Espírito das Leis.* Trad. Edson Bini. Bauru: Edipro, 2004.

MORE, Thomas. *A Utopia.* Trad. Luis de Andrade. São Paulo: Edipro, 2014.

NIETZSCHE, Friedrich Wilhelm. *A Gaia Ciência.* Trad. Márcio Pugliesi e Edson Bini. São Paulo: Hemus/Ediouro, [s.d.].

_____. *Assim falava Zarathustra.* Trad. Eduardo Nunes Fonseca. São Paulo: Hemus, [s.d].

_____. *O Crepúsculo dos Ídolos.* Trad. Márcio Pugliesi e Edson Bini. São Paulo: Hemus, [s.d].

PAINE, Thomas. *Direitos do Homem.* Trad. Edson Bini. Bauru: Edipro, 2005.

PENTATEUCO, O. *Vulgata.* [S.l.: s.n., s.d.].

PLATÃO. *As Leis e Epinomis.* Trad. Edson Bini. 2. ed. Bauru: Edipro, 2010.

_____. *A República.* Trad. Edson Bini. 2. ed. São Paulo: Edipro, 2014.

PUFENDORF. *Droit de la Nature et des Gens.* Trad. J. Barbeyrac. [S.l.: s.n.], 1750.

RICHELIEU. *Testamento Político.* Trad. David Carneiro. Bauru: Edipro, 1996.

ROSS, Alf. *Direito e Justiça*. Trad. Edson Bini. 2. ed. Bauru: Edipro, 2007.

ROUSSEAU, Jean-Jacques. *Confissões*. Trad. Rachel de Queiroz e José Benedicto Pinto. Bauru: Edipro, 2008.

_____. *Considérations sur le Gouvernement de Pologne*. Paris: Bibliothèque de la Pléiade, [s.d.]. (*Œuvres Complètes*.)

_____. *Discurso sobre a Economia Política*. Trad. Maria Constança Peres Pissarra. Petrópolis: Vozes, 1995.

_____. *Discurso sobre a origem e os fundamentos da desigualdade entre os homens*. Trad. Laurent de Saes. São Paulo: Edipro, 2015.

_____. *Discurso sobre as ciências e as artes*. Trad. Laurent de Saes. São Paulo: Edipro, 2018.

_____. *Écrits sur l'Abbé de Saint-Pierre*. Paris: Bibiliothèque de la Pléiade, [s.d]. (*Œuvres Complètes*.)

_____. *Emílio ou Da educação*. Trad: Laurent de Saes. São Paulo. Edipro, 2017.

_____. *Ensaio sobre a origem das línguas*. Trad. Lourdes Santos Machado. São Paulo: Nova Cultural, 1999.

_____. *La Nouvelle Héloïse*. Paris: Bibliothèque de la Pléiade, [s.d.]. (*Œuvres Complètes*.)

_____. *Les Rêveries du Promeneur Solitaire*. Paris: Bibliothèque de la Pléiade, [s.d.]. (*Œuvres Complètes*.)

_____. *Lettre à d'Alembert sur les Spectacles*. Paris: Dufour et Plan (Armand Colin), 1924/1934.

_____. *Lettre à Mgr de Beaumont*. Paris: Dufour et Plan (Armand Colin), 1924/1934.

_____. *Lettres Écrites de la Montagne*. Paris: Bibliothèque de la Pléiade, [s.d.]. (*Œuvres Complètes*.)

_____. *Os devaneios do caminhante solitário*. Trad. Laurent de Saes. São Paulo: Edipro, 2017.

_____. *Projet de Constitution pour la Corse*. Paris: Bibliothèque de la Pléiade, [s.d.]. (*Œuvres Complètes*.)

Este livro foi impresso pela Paym
em fonte Minion Pro sobre papel Chambril Avena 80 g/m²
para a Edipro no inverno de 2018.